RÈGLEMÈNT

ET

TAFIF DES DOUANES

DE L'EMPIRE DU BRÉSIL

PARIS

IMPRIMERIE DE L. TINTERLIN ET Cᵉ

Rue Neuve-des-Bons-Enfants, 3.

RÈGLEMENT

ET

TARIF DES DOUANES

DE L'EMPIRE DU BRÉSIL

CONTENANT

CE QUI PEUT INTÉRESSER LE COMMERCE FRANÇAIS

PUBLIÉS PAR LES SOINS

DE M. MACIEL DA ROCHA

CONSUL GÉNÉRAL DU BRÉSIL EN FRANCE

PARIS

P. LESTANG ET Cᵉ

Éditeurs de l'Annuaire de l'Exportation, du Manuel des Commissionnaires, du Courrier de l'Exportation
4, FAUBOURG MONTMARTRE

1861

RÈGLEMENT

ET

TARIFS DES DOUANES

DE L'EMPIRE DU BRÉSIL

RÈGLEMENT

(EXTRAITS)

TITRE IV. — CHAPITRE VI.

DES MANIFESTES,

Art. 399. — Tout capitaine ou maître de navire marchand national ou étranger qui, pour quelque motif que ce soit et dans quelque but que ce puisse être, se présente à un port quelconque de l'Empire où existe une douane compétente pour l'importation, devra présenter deux manifestes de même teneur qui contiendront :

1° Les nom, classe, tonnage de l'embarcation et sa nationalité ;

2° Le nom du commandant ou maître ;

3° La désignation du port où a été reçu le chargement, sa destination, ses relâches ;

4° Les marques, contre-marques, numéros de chaque volume et leur destination ;

5° La déclaration de la qualité, de la quantité, du poids ou de la mesure des marchandises que contient, autant que possible, chaque volume, ainsi que de celles qui viendraient en las ;

6° La désignation expresse du numéro des volumes réunis en un seul colis ou de chaque colis et de la qualité des marchandises que contient chacun de ces colis ou les volumes de sa quantité, leur poids ou leur mesure, indépendamment des autres déclarations exigées dans les numéros 4 et 5 de cet article, autant que possible;

7° Les noms des personnes auxquelles sont consignés les volumes ou les marchandises, ou si elles sont à ordre ;

8° Mention expresse : 1° des marchandises destinées aux entrepôts ou de transit avec les déclarations exigées dans les numéros 4, 5 et 6 ; 2° des volumes qui contiennent des objets inflammables ou analogues avec toutes les circonstances exigées dans les mêmes numéros 4, 5 et 6.

§ Unique. — Ces déclarations seront écrites en toutes lettres, excepté dans la partie relative aux numéros et marque du volume, et en feuilles entières et non ajoutées ou attachées les unes aux autres, lesquelles sont numérotées, paraphées par l'agent consulaire respectif ou par la personne qui atteste la validité du manifeste.

Art. 400. — Les manifestes seront datés et signés par le capitaine ou maître du navire et certifiés par le consul ou agent consulaire brésilien résidant dans le port de départ, et, à son défaut ou en l'absence de la personne qui légalement le remplace, par le chef de la douane ou du fisc, et, à défaut des uns et des autres, par l'autorité locale, les signatures devant, dans ce dernier cas, être légalisées par le consul dans le port d'entrée, si quelque doute s'élevait sur sa véracité.

Art. 401. — Les embarcations employées à la pêche ou venant de ports peu fréquentés ou dans lesquels il n'y a pas de douane, de poste fiscal ou d'autorité qui puisse légaliser et régulariser leurs manifestes, seront obligées, dans l'acte de visite d'entrée, de présenter une relation de tous les objets de leur chargement avec les déclarations exigées dans l'article 399 et d'exhiber leurs connaissements, documents et livres de chargement ou toute autre écriture qui prouve la vérité de ladite relation et autres papiers exigés par les articles 409 et 410.

Art. 402. — L'embarcation qui aurait relâché, reçu chargement ou opéré déchargement dans un port quelconque, présentera autant de manifestes en duplicata que de ports où elle aura reçu chargement. Ces duplicata contiendront les déclarations, formalités et conditions exigées par les articles précédents et autant de certificats légalisés de la même manière que les manifestes de non-réception ou de décharge de marchandises, et, dans le cas contraire, de la quantité et des numéros des colis déchargés avec toutes les déclarations exigées par l'article 399 pour les ports de relâche.

Art. 403. — L'un des duplicata du manifeste sera joint, comme appendice, à l'expédition d'exportation, de réexportation ou de transit, certifiant de sa teneur, conformément à l'usage et à la législation du port, et, à défaut de ce certificat, le connaissement de la charge du colis ou de la marchandise.

Art. 404. — Les consuls, autorités ou personnes qui, dans la forme de l'article 400, légaliseront les manifestes, revêtiront d'un numéro et de leur paragraphe toutes les feuilles, et après en avoir rayé tous les blancs, ils certifieront à la fin de la dernière page de chaque duplicata du manifeste que celui-ci est en due forme, sans ratures ni surcharges et sans quoi que ce soit qui puisse faire élever des doutes sur la nature, la qualité ou la teneur et en remettront au commandant un double ouvert et un autre cacheté et scellé avec le sceau du consulat et avec l'adresse de l'inspecteur de la douane du port de destination de l'embarcation.

Les documents exigés par l'article précédent seront de la même manière numérotés et paraphés par le consul.

Art. 405. — Les dispositions des articles précédents comprennent : 1° les embarcations sur lest (on devra mentionner dans le susdit manifeste la qualité du lest); 2° les embarcations qui relâcheront dans l'un des ports de l'Empire ou qui y entreront en franchise ; 3° les embarcations qui transporteront des passagers colons, bien que sans chargement.

§ 1er. Sera réputée lest, à quelques fins et quels que soient les objets fiscaux, la quantité de matière quelconque pesante indispensable pour la sûreté de la navigation.

§ 2. Pourront faire partie du lest : 1° le fer brut, en barre, en lame, en lingots ou de travail grossier de fer fondu ou rendu inutile ; 2° le cuivre brut, fondu, fonte, carreau, barre, lame, feuille ; 3° le bronze, en pièce d'artillerie ou morceaux inutiles ; 4° la pierre calcaire ou autre pierre brute, travaillée ou ouvrage grossier ; 5° les gros cailloux, gravier, sable, terre, cendre, cornes ; 6° le bois brut en morceaux, les grosses planches, les solives, le bois à brûler ; 7° le charbon de terre ; 8° le sel ; 9° les tuiles, carreaux, briques et autres matériaux propres à la construction ; 10° les futailles avec ou sans eau disponible, en vertu de l'article 33, § 1er, du décret du 18 octobre 1850.

§ 3. Le fisc du port d'entrée du navire en lest fera vérifier, quand il le jugera convenable, si la quantité du lest est strictement nécessaire pour la sûreté de la navigation, et, dans le cas où il y aurait du surplus, il soumettra le navire au droit fiscal appliqué aux embarcations apportant chargement.

Art. 406. — Les consuls et agents consulaires du Brésil ne pourront légaliser aucun manifeste qui ne soit dans les termes des articles précédents et ils obligeront les capitaines à les corriger et à les amender.

Art. 407. — Lesdits consuls et agents consulaires, avant de légaliser les manifestes, instruiront les capitaines ou maîtres sur les devoirs qui leur sont imposés par le présent règlement et spécialement sur les obligations : 1° de mentionner expressément les volumes ou marchandises destinés au transit ou ceux ou celles qui contiendraient des objets inflammables ou analogues ; 2° de faire, lors de la visite d'entrée, les déclarations dont traite l'article 410 ; 3° de remettre le rôle, les listes et papiers mentionnés dans les articles 403, 409 et 410. Ils les avertiront en même temps que les documents, ainsi que les manifestes, doivent être présentés à l'officier de visite du port de destination, aux autorités locales de tout port ou lieu où ils relâcheront pour cause de force majeure, aux commandants des embarcations de la douane ou de la perception des rentes chargés de la police fiscale des côtes et mer territoriales de l'Empire. Après avoir rempli ces obligations et s'être assurés que les capitaines ou maîtres connaissent leurs obligations, les consuls ou agents consulaires certifieront chaque expédition du manifeste et ils les préviendront qu'ils sont passibles, en cas de non-exécution de ces obligations, d'une amende de 50 à 500,000 reis pour chaque contravention, laquelle amende sera imposée par le ministre des finances, après constatation du chef de fisc, quand les manifestes lui auront été présentés.

Art. 408. — Ne sont admises dans le manifeste, les allégations du capitaine ou maître, qu'il ne répond pas des manques ou augmentations ou différences, ni aucune déclaration vague, quant à la qualité, quantité, aux numéros, dimensions ou poids des volumes ou marchandises qu'il a reçus ou aurait à bord.

Art. 409. — Aussitôt que le fisc se présentera à bord, le capitaine lui remettra ses manifestes, lettres d'affrètement, passe-port et tous documents, connaissements et papiers appartenant au chargement.

Art. 410. — Pendant la même visite, le capitaine donnera par écrit : 1° la relation de toutes marchandises ou objets ajoutés qu'il a à bord et qui ne sont pas mentionnés dans le manifeste pour avoir été reçus sous voile ou pour toute autre raison, en spécifiant les quantités, qualités, mesure ou poids, marque, contre-marque et numéros, et toutes les circonstances exigées par l'article 399 ; 2° il fournira la déclaration des marchandises ou volumes qui, étant compris dans le manifeste, auraient été vendus ou déchargés en quelque port de relâche ou auraient été perdus pour allégement du navire ou pour toute autre raison, et qui lui manquent pour compléter son manifeste ; 3° la liste des passagers et des volumes de leurs bagages par déclaration écrite et signée par chacun d'eux du contenu des colis leur appartenant ; 4° une liste en duplicata des surplus, des provisions et vivres du navire ou en réserve à bord.

§ 1er. Il sera dressé du tout procès-verbal signé par l'officier de visite et remis au capitaine.

§ 2. Les déclarations vagues, ainsi que toute autre fausse déclaration, ne seront pas admises pour justifier les irrégularités des manifestes.

Art. 411. — Les bagages des passagers seront numérotés et porteront leur adresse. — Les colons peuvent être exemptés de cette formalité.

Art. 412. — Au moment de la visite, le capitaine, les passagers et l'équipage remettront au fisc, qui donnera reçu du tout sur le rôle : 1° les échantillons ou petits volumes contenant des marchandises et conservés avec eux dans les chambres et cabinets, etc. ; 2° les malles et lettres du courrier.

Art. 413. — Le jour même ou le suivant et dans les vingt-quatre heures, le capitaine pourra rectifier les erreurs de sa déclaration d'entrée; procès-verbal en sera dressé.

Art. 414. — Nonobstant la disposition de l'article précédent, le capitaine pourra, dans l'acte de rectification, faire toute déclaration au sujet d'accroissement ou de diminution de chargement.

Art. 415. — La liste des surplus de vivres, quand elle n'aura pas été présentée au moment de la visite d'entrée, devra l'être dans les quarante-huit heures et devra mentionner tous les objets et provisions nécessaires au navire ou destinés à l'entretien des officiers de bord, équipage et passagers, et les qualité, quantité, numéros, poids, mesure, marque, contre-marque et dénomination contenant lesdits objets et provisions.

§ 1er. — Dans cette liste ne sont pas compris les objets étrangers au navire et à l'entretien du navire et de l'équipage. Ceux embarqués en route seront soumis à un double droit de consommation et subiront une amende de 50 0/0 de leur valeur. (Article 471.)

Art. 416. — Le défaut de manifeste authentique dans la forme du présent règlement, donnera lieu à une amende de 500 à 2,000 reis par tonneau et à 1 0/0 en sus des droits auxquels la marchandise est sujette.

Sont exceptées :

§ 1er. Les embarcations qui font relâche par force majeure.

§ 2. Celles qui, pour le même motif d'entrée, sont condamnées comme étant incapables de navigation et vendues à l'encan, et celles dont tout le chargement est avarié.

§ 3. Celles qui, entrées en ravitaillement, disposeraient uniquement de la partie de chargement nécessaire pour faire face à la dépense du port.

§ 4. Celles de pêche ou venant de ports peu fréquentés où n'existe ni douane ni répartition fiscale ou tout autre moyen de faire rendre authentique le manifeste.

§ 5. Toutes ces circonstances devront être prouvées devant le fisc.

§ 6. On suivra les dispositions de l'article 401.

ART. 417. — La non-présentation de l'une des copies du manifeste ou la rupture du sceau et l'ouverture dudit manifeste entraînent une amende de 25 à 50,000 reis pour le capitaine.

ART. 418. — La substitution, la falsification des feuilles du manifeste, ratures, additions faites depuis la vérification de l'agent consulaire, entraînent une amende de 50 à 300,000 reis pour le capitaine, indépendamment des peines comme faussaire en vertu du Code pénal.

ART. 419. — Le défaut de mention au manifeste et dans les déclarations (articles 402 et 410) de l'existence à bord de marchandises inflammables, donnera lieu pour le capitaine à une amende de 20 à 100,000 reis par volume ou de 10 à 50 0/0 par volume.

ART. 420. — L'absence de l'une ou l'autre des formalités exigées pour la régularité du manifeste donnera lieu à une amende de 50 à 300,000 reis envers les autorités ou consuls brésiliens responsables de la légalisation.

§ 1er. La même peine sera encourue par les consuls, etc., s'il se trouve quelque vice dans le manifeste qu'ils auraient dû corriger ou réserver dans la forme de l'article 404, s'il est constant que ces erreurs n'ont pas eu lieu après la fermeture légale.

§ 2. Si le défaut de formalité ou des vices existent dans des manifestes non légalisés par les consuls ou agents consulaires, etc., pour avoir été faits dans des ports où n'existe pas d'agent consulaire brésilien, les capitaines seront passibles de l'amende des précédents paragraphes.

§ 3. Toutefois, si ce n'est pas une formalité essentielle qui manque au manifeste, le fisc pourra dispenser de l'amende.

§ 4. Les formalités essentielles sont : La date et la signature; le visa des consuls, etc. (art. 400, 401 et suiv.); la mention des volumes ou marchandises qui sont à bord, avec l'indication de toutes les marques et de leurs quantité et qualité, dans la forme de l'article 399, n°s 4, 5 et 6 ; l'absence de corrections, ratures, surcharges ou de tout autre vice qui rend douteuses les déclarations qui y sont contenues.

Art. 421. — (Sans intérêt.)

Art. 422 — En cas d'accroissement des volumes de marchandises non comprises dans le manifeste, vérifié par la douane depuis le déchargement, il y aura lieu à une amende de 3 à 100 reis pour chaque volume. Si l'accroissement est constaté dans des marchandises importées en tas et non sujettes à la casse, comme le fer, les ferrailles, le sable et autres équivalents, l'amende sera de 10 à 50 0/0 de la valeur des marchandises dans les manifestes.

Art. 423. — En cas de différence de volumes en moins de ceux constatés au manifeste, si le capitaine ne prouve pas au fisc que le volume ou les volumes n'ont pas été embarqués, il paiera les droits doubles pour les marchandises que devrait contenir le manifeste, estimées à leur valeur par les déclarations du manifeste et par qualités supérieures ou identiques à celles des autres volumes qui s'y trouvent, quand les déclarations y relatives sont incomplètes.

Art. 424. — Pour les objets apportés en tas et pouvant être, par leur nature, sujets à augmentation ou à diminution, il y aura lieu à amende, quand la différence vérifiée sera de plus de 10 0/0. Si la différence est en moins, quel qu'en soit le *quantum*, il n'y aura pas lieu à amende, en tant que les droits sont perçus sur la quantité déclarée.

Art. 425. — Pour les articles fondants, comme la glace, le sel et les semblables, le fisc peut concéder une diminution de 75 0/0 pour la glace et de 25 0/0 pour le sel et autres articles de même nature.

Art. 426. — Pour faute ou non présentation du rôle des passagers et de leurs bagages, le capitaine encourra une amende de 50 à 200 reis. Il encourra la même amende s'il ne présente pas, dans les délais voulus, l'état de ses réserves, et pour ce fait elles seront assujetties aux droits de consommation.

Art. 427. — Pour chaque différence de marque, il encourra une amende de 1 à 2 reis.

Art. 428. — Les navires de guerre et les transports,

soit nationaux soit étrangers, devront, en entrant, déclarer à la douane le chargement qu'ils apportent ou qu'ils n'apportent pas, ou les bagages des passagers, de la même manière que les embarcations marchandes, et, s'ils ne le font pas, ils sont sujets aux mêmes examens et fiscalités que ceux du commerce pour ce qui a trait au chargement mentionné; tout acte contraire doit être référé à l'autorité supérieure, qui statue comme il convient.

ART. 429 ET 430. — (Sans intérêt.)

ART. 431. — La partie pénale du présent chapitre, relative aux capitaines et maîtres, ne pourra recevoir exécution qu'après la publication de ce qui se rapporte aux obligations des commandants de navires et à leurs manifestes dans les ports étrangers ou lieux de leur provenance. Il est obligatoire aux consuls et agents consulaires brésiliens d'instruire les commandants de leurs obligations, ce qu'ils certifieront dans le manifeste, dans la forme et sous les peines de l'article 407.

§ 1er. Jusque-là, on suivra les dispositions des règlements actuellement en vigueur.

ART. 432. — Les manifestes et certificats des embarcations sortant des ports du Brésil, quelle que soit la destination, seront dressés selon le mode tracé dans les articles 399 et suivants, et certifiés par le fiscal compétent.

§ 1er. Ces manifestes seront faits en duplicata en regard des permis, passe-ports et connaissements de chargement qui leur seront annexés, après avoir été numérotés et paraphés, et avec mention du nombre dans le manifeste. Une copie sera fermée, cachetée avec le sceau du fisc et remise au capitaine ou maître; l'autre sera déposée aux archives.

§ 2. Dans le même manifeste il sera fait mention, à part, des marchandises étrangères : 1° réexportées, ou transbordées, ou de transit; 2° qui ont déjà payé les droits de consommation.

ART. 433. — Les dispositions des articles précédents s'appliquent aux embarcations de cabotage, quelle que soit la prévenance ou la destination, qui seront obligées de déclarer leur chargement dans les termes du présent chapitre.

ART. 434. — La disposition pénale de l'article précédent n'infirme en rien les peines pour contrebande et toutes autres, qui sont encourues pour fait de recevoir en haute mer ou dans les mers territoriales de l'Empire des marchandises étrangères contre le dispositif du présent règlement.

ART. 435. — Les manifestes des embarcations de cabotage venant de ports où il n'y.a pas de fisc à deux heures de distance, seront légalisés par l'autorité quelconque du lieu de départ.

ART. 436. — Les commandants de navires ne répondent pas du contenu des volumes qu'ils apportent.

§ 1er. Excepté : 1° les futailles dont le liquide aurait été changé par un autre différent de celui déclaré, comme eau ordinaire ou salée ou autre liquide sans valeur; 2° les volumes qui présenteraient des indices d'ouverture ou de fracture; 3° les volumes de poids ou dimensions moindres de ceux déclarés ou portés sur le connaissement du chargement.

TITRE V. — CHAPITRE PREMIER

DES REVENUS A CHARGE DES DOUANES ET DES RECEVEURS DES RENTES.

ART. 504. — Aux douanes en général incombe de percevoir les impôts et revenus, tant qu'ils ne sont pas abolis par loi expresse.

1° Droit d'importation ou de consommation,
2° Droit de réexportation ou de transbordement,
3° Droit d'expédition,
4° Droit d'exportation,
5° Droit de patente,
6° Droit d'ancrage, etc., etc.

CHAPITRE II

DES DROITS D'IMPORTATION OU DE CONSOMMATION.

SECTION PREMIÈRE

Des marchandises et objets sujets aux droits d'importation ou de consommation.

ART. 511. — Sont sujets aux droits d'importations ou de consommation (termes synonymes dans ce règlement).

§ 1er Toutes les marchandises, quelles que soient la provenance, la qualité et l'origine, importées et destinées à la consommation de l'Empire.

§ 2. Toutes les provisions, réserves, accessoires, appareils, lest, voilure, équipement, armement, munitions et autres objets affectés au service des navires marchands étrangers, sujets aux droits, et ceux qui, ayant l'entrée franche pour cause de relâche et pour quelques titre et motif que ce soit, sont destinés à la consommation du pays.

§ 3. Les provisions, réserves et toutes autres marchandises et objets dépendant des embarcations ou des transports de guerre de nations étrangères, déchargés ou sortis des dépôts respectifs pour être livrés à la consommation, et celles de toute embarcation marchande indiquée pour le départ et qui dans les délais voulus ne seraient pas disposées dans la forme de l'article 472, § 1er, ou seraient retirées pour être livrées à la consommation.

§ 4. L'appareil, la voilure, le lest, l'équipement, les munitions et autres objets d'armement, et tout le service des navires condamnés ou naufragés, qui seront vendus séparément de la carcasse du navire, comme aussi les fragments, quand ils auront été séparés dans la forme de l'article 680.

§ 5. Le chargement, appartenances, objets dépendant de navires capturés, qui, dans les termes du § précédent, seront vendus ou appliqués à la consommation.

§ 6. Les petites embarcations, importées ou appartenant

à tout navire, qui, pour quelque motif que ce soit, seront retirées de leur service et vendues ou transportées pour une partie quelconque de l'Empire.

§ 7. Les marchandises, appartenant aux embarcations en relâche, qui, pour aider aux dépenses de réparation, de radoubement et pour toute autre raison, seront déchargées pour la consommation. Il en sera ainsi pour la partie du changement des embarcations franches, qui serait destinée au même but.

§ 8. Les marchandises de transit à destination d'un des ports de l'Empire où le transit est permis, ou qui, déposées en entrepôt, en seraient retirées, appliquées et expédiées pour la consommation.

§ 9. Les marchandises nationales et étrangères qui, ayant déjà payé ces droits de consommation, sont transportées par embarcations étrangères d'un port de l'Empire dans un autre, sauf les dispositions du chapitre XII, titre 4 (1).

§ 10. Les marchandises jetées sur la plage par la mer ou

(1) Art. 486. — Le transport des objets et marchandises, quelle que soit l'origine, d'un port de l'Empire dans un autre, constitue un privilége exclusif en faveur des embarcations nationales, excepté :

§ 1er. Le transport des marchandises, appartenant au chargement des navires étrangers, qui : 1° ayant l'entrée franche dans un port de l'Empire, feront route vers un autre port avant l'expiration du terme de ladite entrée en franchise ; 2° qui, ayant manifesté leur entrée pour la totalité, feront route vers un autre port avec tout ou partie de leur chargement expédié pour la consommation à la réexportation ; et 3° qui conduiront des colons ou passagers, quels qu'ils soient, avec les bagages desquels ils sont entrés.

§ 2. Le transport de tous objets et marchandises en circonstances extraordinaires : 1° de famine ou peste ; 2° de prompt secours à une population ; 3° de guerre intérieure ou extérieure ; 4° d'embarras et préjudices causés à la navigation et au commerce national par les croisières ou forces étrangères, sans déclaration de guerre, dans les termes de l'art. 43 de la loi n° 628 du 17 septembre 1851 ; 5° dans les cas des art. 1er, 2 et 7, §§ et 1 du décret n° 2485 du 28 septembre 1850 jusqu'au 31 décembre 1863, à l'égard des marchandises comprises aux tableaux nos 10 et 11.

§ 3. Le transport des bagages des passagers de la susdite embarcation étrangère qui les a conduits.

§ 4. Pour le transport par embarcations étrangères, d'objets et marchandises spécifiés dans le cas du § 2 nos 1 et 5, il faut une licence expresse ou un ordre du ministre des finances ou du président provincial, et dans le cas des nos 2 et 3 du même §, il faut une licence ou un ordre général ou spécial du même ministre.

qui seraient rencontrées flottantes ou retirées de l'eau dans la forme de l'article 338.

ART. 512. — Une exemption de droit de consommation ou d'importation sous les surveillances fiscales que l'inspecteur de la douane ou l'administrateur de la perception des rentes jugera nécessaire pour les marchandises et objets suivants :

§ 1er. Échantillons ou objets de peu ou point de valeur. Seront réputés échantillons, les fragments ou parties de tout objet et de toute marchandise en quantité strictement nécessaire pour faire connaître sa nature, son espèce et sa qualité, et dont les droits ne dépasseraient pas 200 reis par volume.

§ 2. Petites machines à main appartenant aux colons qui viennent s'établir dans l'Empire.

§ 3. Petits échantillons de bois et modèles de machines, d'embarcations, d'instruments et de toutes inventions ou améliorations faites dans les arts.

§. 4. Les bois de lits, pliants et couches ordinaires ou communes, la faïence ordinaire ayant servi et autres ustensiles et objets de ménage à l'usage des colons venant se fixer dans l'Empire, pourvu qu'ils n'excèdent ni le nombre ni la quantité indispensables pour l'usage domestique de chacun des individus composant la famille.

§ 5. Les instruments d'agriculture et d'arts libéraux ou machines apportées par les colons ou artistes venant résider dans l'Empire et auxquels ces objets sont nécessaires pour l'exercice de leurs professions ou industries, y compris un fusil de chasse pour chaque colon adulte.

§ 6. Le reliquat des vivres appartenant à l'approvisionnement particulier des colons et à leur alimentation propre jusqu'à ce qu'ils soient employés.

§ 7. Tous les objets destinés à l'usage propre des ambassadeurs et ministres étrangers, et en général de toutes les personnes employées dans la diplomatie qui arriveront au Brésil, dans la forme de l'article 2 du décret n° 2022 du 11 novembre 1857.

§ 8. Tous les objets et effets importés par les ambassadeurs et ministres résidents et chargés d'affaires accrédités près de la cour de l'Empire, dans les formes et conditions du décret précité.

§ 9. Tous les objets aux usage et service des chefs de missions diplomatiques brésiliennes rappelés par le gouvernement impérial.

§ 10. Les objets et effets importés pour l'usage des navires de guerre des nations amies, arrivant par transports de guerre ou par navires marchands exclusivement frétés par lesdits gouvernements.

§ 11. Les marchandises de production et industrie nationale qui, ayant été exportées, seraient de nouveau introduites, pourvu : 1° que lesdites marchandises soient distinctes et distinguées de toute origine étrangère ; 2° qu'elles rentrent dans le délai de deux ans dans les mêmes enveloppes et pour compte du propre individu qui les avait exportées ; 3° qu'elles reviennent accompagnées du certificat de douane du port de retour, légalisé par l'agent consulaire brésilien, et, à son défaut, dans la forme de l'article 400.

§ 12. Les objets et marchandises de production et manufacture nationale, faisant partie du chargement des embarcations, qui, sortis d'un port de l'Empire, relâcheraient dans un autre, auraient naufragé et seraient, par un motif quelconque, vendus pour la consommation. — Dans le cas de contestation de savoir si les marchandises sauvées sont nationales ou étrangères, il n'y aura pas lieu à accorder l'exemption du droit de consommation.

(Le paragraphe 13 ne concerne que le Brésil.)

§ 14. Les instruments, livres et ustensiles propres au naturaliste qui veut explorer le Brésil, pourvu qu'il ait l'autorisation du ministre des finances.

§ 15. Les vêtements, ustensiles propres aux passagers, ainsi que les instruments, objets et articles affectés à leur service journalier ou à leur profession.

§ 16. Les vêtements des capitaines et de l'équipage du navire, les instruments nautiques, livres, cartes et ustensiles propres à l'usage de leur profession, soit qu'ils les conservent à bord, soit qu'ils les descendent à terre.

§ 17. Les livres de marchandises écrits, les manuscrits, les portraits de famille, les livres à l'usage des passagers (un seul exemplaire de chaque ouvrage), les dessins, les ébauches appartenant aux artistes et, en général, les ustensiles et objets nécessaires à l'exercice ou à l'établissement de leur art ou profession.

§ 18. Les ouvrages vieux de quelque métal précieux qu'ils soient, si le métal ne saurait être utilisé ou si les propriétaires le rendent inutilisable au moment de l'expédition ou de la constatation.

§ 19. Les barriques, barils, caques, vases en verre, obscur, bleu, vernis de faïence ordinaire, boîtes de fer blanc, de fer, de plomb, d'étain, de zinc, sacs, enveloppes de toile grossière, et généralement tout ce qui sert à envelopper les marchandises n'est pas sujet aux droits, excepté si ces objets, ayant une valeur commerciale, se trouvaient vides et complétement privés des marchandises auxquelles ils appartenaient.

§ 20. Les marchandises étrangères, qui, ayant déjà payé les droits de consommation dans une répartition fiscale, seraient transportées dans un autre port où existe une douane, pourvu qu'elles soient accompagnées du laisser-passer sur embarcations nationales ou navires étrangers, dans la forme du chapitre XII, titre 4.

§ 21. Les marchandises et objets désignés dans les lois du 30 novembre 1841, article 26, nᵒˢ 243, 719, 939, 1027, 1040 et tous autres articles dont la libre expédition a été accordée par les tarifs en vigueur par loi spéciale ou par contrat entre le gouvernement et des particuliers, des compagnies ou corporations nationales ou étrangères.

§ 22. Les marchandises ou objets importés directement pour le compte et le service de l'État, quels qu'en soient la destination et l'emploi.

Les paragraphes 23, 24, 25, 26 et 27, ayant trait au transit de province à province de l'Empire, n'ont pour l'Europe aucun intérêt à être connus et nous les omettons.

§ 23. L'or, l'argent en barre, la poudre ou minerai en feuille, la monnaie nationale ou étrangère ;

§ 20. Les médailles de quelque nature et de quelque métal qu'elles soient et les collections d'objets d'archéologie et de numismatique importées pour les établissements publics.

§ 30. Les machines propres au travail de la terre, à la préparation des produits agricoles, et au service des fabriques de machines à vapeur pour les navires et les chemins de fer.

§ 31. Les pièces de machines importées séparément (Il sera constaté par des experts nommés *ad hoc*, que lesdites pièces ne peuvent avoir un autre usage que de remplacer des pièces identiques déjà usées ou de servir de réserve en cas d'éventualité).

§ 32. Les objets appartenant aux compagnies lyriques, dramatiques, équestres et autres, qui les destinent à donner des représentations publiques ; les collections scientifiques d'histoire naturelle, de numismatique et d'antiquités ; les statues et bustes de toutes matières destinés aux expositions ou représentations publiques.

§ 33. Les images et en général tous les objets propres et exclusifs au culte divin, indispensables pour le service des églises et directement importés pour compte des administrations paroissiales, toutefois avec l'autorisation du ministre des finances de l'Empire.

Les articles 513, 514 et 515 n'ont aucun intérêt pour le commerce de l'Europe.

SECTION DEUXIÈME

Marchandises prohibées.

Art. 516. — Sont prohibés les marchandises et objets suivants :

§ 1er. Tout objet de sculpture, de peinture et de lithographie de sujets obscènes et offensifs pour la religion de l'État, la morale et les mœurs, ou qui sont compris dans les dispositions des articles 90, 242, 244, 278 et 279 du Code pénal.

§ 2. Tous les imprimés et ouvrages de contrefaçon désignés par la loi.

§ 3. Les poignards, couteaux-poignards, couteaux pointus ne fermant pas, à l'exception de ceux de boucher, de cuisine et de chasse ; les fusils, les pistolets à vent, les cannes, parapluies et autres objets renfermant des épées, lames, poignards ou fusils.

§ 4. Les armes et munitions de guerre, quand l'expéditeur ne présente pas à l'appui la licence de l'autorité policière compétente.

§ 5. Les rossignols, fausses-clefs et autres instruments et appareils propres à la perpétration du vol.

§ 6. Les marchandises et objets alimentaires médicinaux en état de putréfaction ou d'avarie pouvant être nuisibles à la santé publique et déclarés tels par les experts dans la forme prescrite par la section troisième du chapitre suivant.

Les Art. 517 et 518 frappent de séquestre les marchandises et articles précités, et les demandeurs d'une amende.

CHAPITRE III

DU MODE DE PERCEPTION DES DROITS DE CONSOMMATION.

SECTION PREMIÈRE

Des cas où une diminution de droit est accordée.

Art. 519. — La perception des droits d'importation ou de consommation sera réglée suivant les tarifs en vigueur, et aucune différence ne sera faite entre les marchandises et objets neufs ou vieux en pièces et morceaux, avariés, cassés, etc.

Art. 520. — Aucune personne, quels que soient son état, sa condition, sa corporation ou sa compagnie, ne peut être exempte de payer les droits de consommation et autres taxes, sauf les cas spécifiés plus haut.

Art. 521. — Dans la perception des droits, aucune autre réduction ou déduction ne pourra être faite, qui ne soit pour tare, pour avarie, pour casse, et suivant la loi ou dispositions spéciales des tarifs en vigueur.

SECTION DEUXIÈME

Des tares.

Art. 522. — Les marchandises qui ne seront pas, dans la forme des tarifs en vigueur, expressément sujettes aux droits, pour leur poids réel ou net vérifié en dehors de la tare ou pour le poids brut, jouiront de la diminution marquée par les mêmes tarifs.

§ 1er. Le propriétaire ou consignataire de la marchandise est libre de demander la vérification à son compte et à ses risques du poids réel ou net, et à payer les droits qui seront vérifiés par le fisc.

§ 2. Pour que la vérification dont parle le § précédent ait lieu, il faut : 1° que la note d'expédition contienne la déclaration du poids net ; 2° que cette déclaration soit d'accord avec la facture présentée ; 3° que la différence entre la tare exprimée dans la facture et celle marquée par le tarif soit de 2 0/0 au moins.

Art. 523. — Il sera permis à la partie, afin que le poids net ou réel puisse être vérifié avec exactitude, de séparer des marchandises les enveloppes tant intérieures qu'extérieures, à l'exception toutefois des papiers qui couvriront les marchandises, des rubans, ficelles, ornements qui les parent, adresses et étiquettes qui y sont fixées, à l'exception des liquides et matières nécessaires à leur conservation, et autres objets qui font partie intégrante de la marchandise.

Art. 524 et 525. — Sans importance.

Art. 526. — Le propriétaire ou le consignataire de la marchandise est libre de payer les droits pour poids brut.

Art. 527. — Sans importance.

SECTION TROISIÈME

Des rabais à raison d'avaries.

Art. 528. — Sera réputée avarie, toute détérioration soufferte par la marchandise.

§ 1er. Pour cause d'accident de mer survenu depuis l'embarquement jusqu'au déchargement dans la douane ou magasin succursale de la douane.

§ 2. Pour cause de vice propre ou intrinsèque dans la marchandise elle-même.

ART. 529. — L'avarie par accident de mer devra être réclamée :

§ 1er. Par le capitaine ou consignataire du navire pendant le déchargement du volume ou dans le délai de vingt-quatre heures, quand il y aura des indices extérieurs.

§ 2. Par le propriétaire ou consignataire du volume en tout temps, quand il n'y a pas d'indices d'avaries, et quand il n'a pas été possible de prévoir que cette avarie soit antérieure à l'embarquement.

§ 3. Quand la véracité de l'exposé du capitaine et de ce qui est allégué dans la réclamation du propriétaire ou du consignataire est prouvée par l'examen des marchandises fait par des experts nommés par le fisc.

ART. 530. — Les experts feront un rapport sur l'état des marchandises et la réalité des avaries, en distinguant si ces avaries sont partielles (la partie des marchandises qui ne seraient pas détériorées et qui devront être sujettes aux règles d'expédition des marchandises non avariées).

Les ART. 531 et 532 sont sans intérêt.

ART. 533. — L'avarie par accident, soit de mer, soit intrinsèque, étant reconnue, les propriétaires ou les consignataires des marchandises avariées pourront, avec l'autorisation du fisc, les faire vendre aux enchères à la porte de la maison de douane, les détruire ou les liquider par facture, pourvu que cela ait lieu dans les dix jours qui courent du jour de la reconnaissances desdites avaries, sous peine de voir lesdites marchandises considérées comme abandonnées et vendues comme telles à l'encan pour compte du fisc auquel sera dévolu le produit de l'encan.

ART. 534. — Quand il sera procédé à l'encan des marchandises avariées, on observera les dispositions du chapitre VII, titre III de ce règlement. Les droits seront perçus sur les prix de la vente à l'encan.

ART. 535. — S'il y a doute à savoir si la marchandise est avariée ou non, si elle est avariée ou non par accident de mer ou intrinsèque, le propriétaire ou le consignataire de la marchandise sera obligé à faire l'expédition dans le délai marqué dans l'article 533, et, à défaut, le fisc fera vendre la marchandise à l'encan, et le produit, sauf défalcation des droits de douane et des dépens, sera remis à qui de droit.

Art. 536. — Il ne sera pas accordé de rabais pour avarie ou perte de valeur soufferte par les marchandises suivantes : thé, drogues, médicaments simples ou composés, vin, huile, liquides alcooliques et boissons fermentées de quelque nature qu'elles se composent, cuivre en feuille, en barres, ou clous ; oignon et ail ; chandelles, bougies de cire, de blanc de baleine, ou stéarine ou de composition, fruits secs, raisins secs. Mais il sera permis de séparer la partie réputée avariée de celle abandonnée pour les droits.

Art. 537. — Les objets alimentaires ou comestibles, les drogues, médicaments simples ou composés, soit liquides, soit solides, dont l'avarie de mer ou intrinsèque aurait été reconnue, ne pourront être expédiés ni vendus à l'encan pour la consommation, sans qu'il soit procédé à leur examen par des experts et qu'il soit vérifié que la détérioration ne peut être nuisible à la santé publique.

Dans le cas contraire, ces objets ou marchandises seront détruits et il sera rédigé procès-verbal.

Les boîtes et enveloppes dans lesquelles ces marchandises seront renfermées, pourront être introduites vides et vendues à l'encan.

SECTION QUATRIÈME

Du rabais à raison de casse.

Art. 538. — La porcelaine et faïence de toute espèce, les bouteilles, verres et objet de fer fondu, étamé ou émaillé ou de terre, importés en caisses, barriques, corbeilles ou dans toute autre enveloppe identique, payeront les droits respectifs avec rabais de 30 0/0 pour casse. Quand le propriétaire ou le consignataire réclamera un rabais plus considérable, le fisc, après examen, pourra accorder jusqu'à 10 0/0 en sus. Le propriétaire ou le consignataire est maître d'accepter ce rabais ou de payer les droits distincts, pour chaque pièce intacte ou de marque, et de faire abandon du reste, qui sera vendu à l'encan dans les formes de l'article 301 § 1er,

ART. 539. — Les rabais indiqués dans les trois paragraphes qui suivent, seront concédés, à titre de casse, aux liquides en général, sauf les dispositions spéciales du tarif en vigueur, sujets aux droits en raison de la capacité des vases ou caisses qui les contiennent.

§ 1er. 2 0/0 pour les liquides qui ne sont pas sujets à évaporation et qui viennent dans des caisses, et 1/2 0/0 par chaque mois qui suivra les deux premiers mois de séjour dans les magasins ou dépôts de la douane jusqu'au délai fixe de 6 mois.

§ 2. 3 0/0 pour les alcools ou liquides, sujets à l'évaporation, venus dans des caisses, et 1 1/2 0/0 en plus par chaque mois pour la même période que stipule le paragraphe précédent.

§ 3. 5 0/0 pour les liquides, de quelque nature qu'ils soient, venus dans des bouteilles ou dans des vases de terre.

ART. 540. — Sont exceptés de la règle de l'article précédent :

§ 1er. Les liquides en général dont la casse serait demandée, au moment du déchargement, par les propriétaires ou les consignataires, ou par le capitaine du navire qui les a importés, et qui seront vérifiés par inspection.

§ 2. Les liquides dont la casse proviendrait d'accident, sans qu'on puisse l'imputer à la négligence, ces circonstances étant vérifiées par inspection et enquête, à laquelle il sera procédé par ordre du fisc, avec l'assistance des intéressés, dans les 24 heures au plus, après l'événement. Le chef du fisc est responsable de ses employés et du garde-magasin pour la perte qui arriverait et qui n'aurait pas été vérifiée dans le temps et de la manière ci-dessus indiquée.

§ 3. Les liquides dont le jaugeage aurait été effectué au moment de l'expédition, et qui ne seraient pas trouvés conformes au § 1er, ce que le fisc déclarera dans son procès-verbal.

§ 4. Le fisc pourra, s'il le juge convenable, faire vérifier par tout autre moyen l'exactitude de la casse dont il est parlé dans les §§ 1er et 2.

SECTION CINQUIÈME

Sans intérêt pour la France.

SECTION SIXIÈME

Des formalités nécessaires pour l'expédition de consommation.

ART. 543. — Pour qu'il soit donné remise ou sortie d'une marchandise quelconque déposée en douane, il faut d'abord avoir payé les droits de magasinage ou toute autre taxe qui serait due et à laquelle elle serait soumise, de quoi il sera dressé procès-verbal conformément aux articles suivants.

ART. 544. — Tout individu, quelle que soit sa condition, qui voudra expédier un objet ou une marchandise quelconque sujette aux droits, est obligé de présenter au chef de service de douane compétent :

§ 1er. Le connaissement, la facture et autres titres qui prouvent l'origine des marchandises ou objets que l'on prétend expédier, et son droit de les prendre à son compte si déjà cela n'avait pas été fait suivant les autres cas exigés par le règlement ;

§ 2. Un bordereau en triple expédition, qui contiendra les conditions et termes suivants :

1° La date de présentation ;

2° Les noms des propriétaires ou du consignataire des marchandises ou objets ;

3° Le nom du navire ou du véhicule qui les a transportées, sa nationalité, sa provenance, la date de son entrée dans le port ;

4° Le dépôt, magasin ou lieu où se trouve la marchandise, la date de son déchargement dans le premier port, et le port où elle se trouve au moment de l'expédition ;

5° Les volumes qu'il veut expédier, leurs qualités, numéros, marques et contre-marques ;

6° La quantité, la qualité, le poids ou la mesure des marchandises ou objets que chaque ballot ou volume contient, ou des objets et marchandises en tas, conformément à la base adoptée par le tarif en vigueur pour le calcul des droits, et quand les marchandises ou objets seront sujets aux droits *ad valorem*, indépendamment desdites conditions ou de la valeur de chaque addition ou article ;

7° La signature du propriétaire ou du consignataire des marchandises ou objets, s'il les expédie par lui-même, ou de son préposé dûment autorisé dans la forme du chapitre VII, titre v, à la vue de l'autorisation donnée par écrit pour cet objet, et signée par le propriétaire ou le consignataire.

§ 3. L'autorisation dont traite le § 2, n° 7, pourra être écrite sur le même manifeste dans les termes suivants : « J'autorise l'expéditeur un tel ou mon commis-expéditeur un tel, à expédier les marchandises contenues dans le présent manifeste. » Cette autorisation, étant donnée séparément, devra contenir les déclarations exigées dans le même § 2, n°ˢ 3, 4, 5 et 6.

§ 4. La déclaration des poids, mesure et quantité de la marchandise sera écrite en chiffres et répétée en toute lettre. Les poids et mesures étrangers seront réduits en poids et mesures nationales conformément au titre authentique adopté par tout l'Empire. Jusqu'à ce qu'il y ait une loi qui établisse un titre uniforme dans toutes les provinces, on suivra, dans chaque douane et perception de rentes, les poids et mesures usités à Rio-Janeiro, en se conformant aux tables annexées à ce règlement.

§ 5. La valeur des marchandises et objets qui, dans la forme du tarif en vigueur, seront sujets aux droits *ad valorem*, sera déclarée en toutes lettres et répartie en chiffres.

§ 6. La déclaration d'entrée sera préalablement collationnée, en vue de son enregistrement, en portant à l'article *ad hoc* employé la marchandise respective.

ART. 545, 546 et 547. — Administration intérieure.

ART. 548. — Il ne sera pas accordé de permis aux marchandises de même volume, pour la consommation, et en même temps pour la réexportation et le déchargement.

Art. 549. — Des permis de consommation de liquides et ceux des marchandises indiquées dans le tableau n° 7, seront accordés séparément.

Art. 550. — Administration intérieure.

SECTION SEPTIÈME

De la vérification des marchandises admises avec permis.

Art. 551. — Les volumes présentés en lieu compétent, en présence du propriétaire ou de son représentant, seront ouverts à ses compte et risques et en présence du fisc, qui procédera à la vérification de chaque objet et qui pourra prendre les échantillons qu'il conviendra pour établir son jugement.

Art. 552. — Administration intérieure.

Art. 553. — Si, dans la numération, le mesurage et le pesage des marchandises, il se trouvait en sus de ce qui est accusé dans la déclaration jusqu'à trois objets, vares, livres, canades ou autre mesure ou poids pris pour unité dans le tarif ou dans la déclaration, ou si la marchandise n'est pas comprise au tarif et sa valeur n'étant que de 1 à 2,000 reis. le fisc ajoutera à la déclaration l'excédant vérifié pour le soumettre aux droits ; mais si la différence en sus était de plus de trois unités, le propriétaire payera les droits de cette différence; et, en outre, comme amende, le double droit de cette différence en faveur de l'agent du fisc. Dans tous les cas, les fractions seront en faveur du propriétaire.

§ 1er. Si la différence était moindre, les droits ne seront perçus que sur ce qui aura été vérifié. — Les cas de fraude font exception.

§ 2. La tolérance dont traite cet article sera relatif à la quantité de chaque objet contenu dans le volume et à sa totalité.

Art. 554 et 555. — Sans intérêt.

Art. 556. — Si le fisc trouve parmi les marchandises contenues dans un volume des pièces de qualité bien supérieure à celle déclarée, il procédera à la vérification du fait ou de la fraude; il indiquera, dans le manifeste, le numéro, la quantité et la qualité pour que les droits correspondants soient perçus, et le propriétaire payera de plus, au fisc, une amende égale aux droits de la différence vérifiée. Mais si ces marchandises ou pièces de qualité supérieure étaient cachées ou dissimulées parmi les autres de qualité inférieure, dans le but de les soustraire aux droits, elles seront confisquées avec les autres marchandises du volume. Le propriétaire sera condamné à la perte de ses marchandises et à une amende des deux tiers de leur valeur.

ART. 557. — La disposition pénale de l'article précédent est applicable au cas de marchandises trouvées cachées sous double fond, etc.

ART. 558. — Les marchandises portant étiquettes et adresses fausses et falsifiées indiquant des qualités et des quantités inférieures à celles effectives, seront passibles d'amende au profit du fisc, à moins que l'expéditeur n'ait déclaré cette substitution et indiqué dans sa note les quantités exactes.

Cette disposition est applicable aux drogues, produits chimiques d'une apparence semblable, mais de valeur et nature différentes.

Si, d'après le manifeste et les déclarations dont traite le chapitre III, titre 3, le contenu du volume se composait d'une qualité de marchandises et d'objets étrangers au commerce, ou sans usage ni valeur, ou de résidus ou morceaux sans emploi ou de peu de valeur, la partie sera frappée d'une amende du triple de la valeur probable de la marchandise fourvoyée, valeur qui sera déterminée par le fisc.

ART. 559. — Quand le fisc reconnaît par examen que la qualification de la marchandise exprimée dans le bordereau pour avoir le laisser-passer n'est pas légitime ou exacte, il émet, après avoir ouï la partie et fait les investigations nécessaires, son avis sur la qualification à laquelle appartient ladite marchandise, dans quel article du tarif elle doit être comprise pour le payement des droits de consommation.

§ 1er. Si la partie n'est pas d'accord avec le vérificateur, elle pourra réclamer auprès du chef de la répartition qui, après en avoir informé, décidera de la qualification.

§ 2. Si la partie n'est pas d'accord sur cette nouvelle décision, elle pourra demander que l'affaire soit jugée par arbitre, et alors on suivra les dispositions de la section 2 du présent chapitre, l'expédition demeurant suspendue ; mais si la différence de droits était en faveur de ladite juridiction, on observera les dispositions de l'article 579.

§ 3. Si la décision d'arbitres est contraire, la partie payera les droits conformes à la décision, et, en outre, une moitié en sus des droits de la différence.

§ 4. Si la partie est d'accord avec le chef de répartition et que la décision de celui-ci lui soit favorable, il pourra avoir recours, d'office et sans suspension d'expédition, à l'autorité supérieure compétente, ou si l'importance dépasse les droits de juridiction du même chef.

§ 5. Les diverses questions qui se soulèvent dans les procès-verbaux d'expédition, seront tranchées par l'inspecteur ou l'administrateur, la réclamation de la partie lésée, étant réservée avec recours dans la forme du titre 9, à savoir : 1° Question sur l'intelligence du tarif ou de la loi sur l'exécution ou l'application, perception des droits, amendes, etc. ; 2° question sur la taxe à laquelle la marchandise est sujette, sa classification eu égard aux divers articles du tarif, poids, mesures, tare et tous autres objets qui sont en dehors de la connaissance spéciale sur les qualités, prix de la marchandise, et sur les avaries et dommages qu'elles ont soufferts, ce à quoi le présent règlement pourvoit.

§ 6. Dans tous les cas où le recours est mis comme ayant un effet suspensif, après avoir retiré les échantillons nécessaires de la marchandise en question et après l'examen investigateur pour le bien de la justice, il sera permis à la partie de poursuivre et faire l'expédition commencée, de donner sortie à la marchandise en payant les droits, d'après la décision de première instance, en déposant une caution pour toute la différence des droits et de l'amende à laquelle la partie pourrait être obligée.

Art. 560. — Quand il s'élèvera des doutes sur la qualification des marchandises dans les termes de l'article précédent, le fisc pourra ordonner la saisie de la marchandise pour compte du trésor, avant qu'il y ait décision des arbitres (§ 2), et suivant l'article précédent.

Dans ce cas la partie sera indemnisée par la douane, dans les vingt-quatre heures, de la valeur correspondante à la taxe du tarif établie pour la qualité de la marchandise touchant laquelle il y aurait litige.

Art. 561. — La confrontation et la vérification du contenu du volume, étant terminée dans les formes des articles précédents, la partie pourra, pour ses compte et risques, recueillir les marchandises dans leur enveloppe, les replier et exiger l'apposition du sceau, si elle le juge nécessaire.

Le vérificateur écrira, sur l'endroit le plus apparent, les date, mois et année de la vérification et signera.

SECTION HUITIÈME

Expédition pour consommation sur eau.

Art. 564. — Le permis d'expédition sur eau ou à bord, ne pourra avoir lieu qu'à l'égard des marchandises inflammables et de celles qui ne subissent pas l'augmentation des droits.

On observera les règles établies dans les sections précédentes.

§ 1er. La vérification des volumes non déposés en douane, sera faite au lieu de dépôt.

§ 2. Pour les marchandises sur eau ou à bord, le vérificateur ira sur le navire, les fera apporter en sa présence et débarquer, s'il est nécessaire, afin de procéder à une vérification exacte.

SECTION NEUVIÈME

Expédition des marchandises omises au tarif.

Art. 565. — Si la marchandise présentée à l'expédition est omise au tarif, le fisc indiquera la marchandise simi-

laire ou l'analogie ou l'affinité, soit par la nature et la qualité des matières dont elle est composée, soit par sa fabri-
cation, son tissu, son travail ou sa forme combinés avec
l'usage ou l'emploi.

Le procès-verbal devra être accompagné d'échantillons.

ART. 566. — Le fisc décidera, sur le vu des pièces, si
l'assimilation doit ou ne doit pas être faite, et, dans l'affir-
mative, dans quel article du tarif la marchandise doit être
comprise.

ART. 567. — Sans intérêt.

ART. 568. — Si la marchandise ne peut être assimilée
à aucune autre dans la forme des articles cités plus haut,
elle payera 30 o/o de droits et sera expédiée dans la forme
de la section qui suit.

SECTION DIXIÈME

Permis d'expédition sur facture.

ART. 570. — Dans le permis d'expédition des marchandises sujettes aux droits *ad valorem*, indépendamment de
ce qui a été établi dans la section 6, on observera les dispositions suivantes:

§ 1er. Le prix régulateur pour l'expédition *ad valorem*,
sera celui du marché importeur en gros ou en détail, déduction faite des droits respectifs et de 10 0/0 en plus du
même prix. Au moment de l'expédition, les propriétaires
ou les consignataires devront, si le fisc l'exige, présenter
leurs factures originales authentiques, de manière à faire
foi, et, à leur défaut, les documents particuliers et authentiques qu'ils possèdent relativement à ces marchandises.

§ 2. Concerne l'administration intérieure.

§ 3. Si la partie n'est pas d'accord sur le prix fourni par
le vérificateur, le chef de service, après examen et informa-
tions nécessaires, mais s'il est d'accord sur le prix exprimé
dans le bordereau, fera continuer l'expédition; toutefois,
s'il le croit préjudiciable au trésor, ce prix sera estimé par
une commission de trois vérificateurs.

§ 4. Cette commission déterminera dans la forme de

l'article 484, pour quel prix la marchandise sera expédiée, et dans ce cas on suivra les dispositions stipulées dans le § 1er.

§ 5. Quand le fisc et la partie ne sont pas d'accord touchant la décision de la commission, on s'en référera à un nouvel arbitrage dans la forme de la section 11, qui règle les procès d'arbitrage.

ART 573. — Dans les douanes de Rio-Janeiro, Bahia et Pernambouco, le fisc pourra prendre la marchandise pour le compte du trésor, quand il jugera que le prix donné est préjudiciable au trésor.

ART. 574. — Les marchandises prises pour compte du trésor seront vendues aux enchères publiques, après le payement fait aux propriétaires par le trésor, du prix donné et de 5 0/0 en sus.

ART. 575. — Administration intérieure.

ART. 576. — L'expédition sur facture comprend :

1° Les marchandises qui, dans la forme du tarif, sont sujettes aux droits *ad valorem*;

2° Les échantillons de marchandises dont la valeur n'excèdera pas cent milreis, bien qu'ils soient taxés dans le tarif;

3° Les appareils, les agrès et objets ayant servi à l'usage du navire.

SECTION ONZIÈME

Des procès d'arbitrage (administration intérieure).

SECTION DOUZIÈME

De la manière de calculer l'expédition et le paiement des droits (administration intérieure).

SECTION TREIZIÈME

De la manière dont le paiement des droits doit s'effectuer.

ART. 583. — Les droits étant calculés, il en sera donné

déclaration aux parties qui les présenteront à la trésorerie et payeront ce qui est dû.

ART. 584. — Le payement se fera à vue en monnaie courante, à l'exception : 1° pour les abonnés ; 2° pour ceux qui achèteront aux enchères dans la forme de l'article 313 ; 3° pour le propriétaire ou le consignataire d'objets inflammables etc.

ART. 585. — Les abonnés, etc., pourront présenter, en payement de la moitié des droits qu'ils auront à satisfaire, leurs billets ou lettres de commerce de 4 à 6 mois d'échéance.

SECTION QUATORZIÈME

De la vérification et de la sortie des marchandises (administration intérieure).

CHAPITRE IV

DES DROITS DE RÉEXPORTATION OU DE TRANSBORDEMENT.

ART. 608. — Sont uniquement sujettes aux droits de réexportation, les marchandises étrangères appartenant au chargement des embarcations qui, étant entrées, sont, pour quelque motif que ce soit, transportées pour un autre port ou marché.

ART. 609. — Les droits de réexportation seront calculés en raison de 1 0/0 de la valeur des marchandises, d'après le tarif, ou par la valeur mentionnée sur la facture.

Paragraphe unique. — Les droits de réexportation des marchandises destinées pour les ports de la côte d'Afrique, seront calculés en raison de la moitié des droits de consommation du présent tarif, excepté celui de la poudre, qui sera de 15 0/0.

ART. 610. — Sont exemptes des droits de réexportation :

1° Les marchandises qui, dans la forme de l'article 512,

jouissent d'exemption de droits quand elles sont réexportées pour un des ports de l'Empire;

2° Les marchandises mentionnées dans ledit article 512, §§ 7, 8, 9 et 10, quelle que soit leur destination.

Art. 611. — Dans le procès-verbal de l'expédition de réexportation, on observera les règles marquées pour l'expédition de consommation sur facture avec les altérations suivantes :

§ 3. Le bordereau d'expédition étant fait et les droits de réexportation, d'emmagasinage et autres étant payés, le propriétaire ou le consignataire sera tenu de cautionner la valeur des droits de consommation d'après le tarif, lesquels droits de caution seront perdus si, dans le délai qui sera marqué, on ne présente pas un document légitime prouvant le déchargement effectif dans le port où ces marchandises ont été réexportées.

Art. 612 et 613. — Administration intérieure.

Art. 614. — Les délais pour la présentation des documents qui justifient la destination des marchandises réexportées, seront réglés, d'après la situation du port de départ et du port de destination, de la manière qui suit, et seront comptés de la date de l'embarquement, savoir :

§ 1er. De quatre à huit mois, d'un port quelconque de l'Empire, pour ceux au sud du Brésil, en deçà du cap Horn, des côtes de l'Afrique occidentale, ou pour ceux des Guyanes.

§ 2. De deux à quatre mois, des ports du Brésil, situés au nord du cap Saint-Roch, pour l'Amérique septentrionale.

§ 3. De seize à vingt mois, des ports au sud du cap Saint-Roch, pour l'Amérique septentrionale.

§. 4. De vingt à vingt-quatre mois, d'un port quelconque de l'Empire, pour l'Europe, l'Afrique occidentale et pour ceux de l'Amérique méridionale non-mentionnés dans le § 1er de cet article.

§ 5. De trente à trente-six mois, d'un port quelconque de l'Empire, pour l'Asie, l'Océanie et les parties de l'Afrique non-mentionnées ci-dessus.

Art. 618. — Seront réputés documents authentiques :

§ 1er. Dans les ports où il existe une douane, le certificat de déchargement effectif ou de destination qui devra contenir la déclaration de la qualité et de la quantité des volumes, les marques, contre-marques, numéros, noms de l'embarcation et du capitaine.

§ 2. Dans les ports où n'existe pas de douane, une attestation des autorités du lieu, des consignataires ou possesseurs, soit mandataire, dépositaire ou acheteur.

§ 3. La preuve du naufrage ou de la capture du navire avec des documents qui fassent foi, équivaudra au certificat de déchargement de la marchandise au port de destination.

ART. 619. — Tous les certificats et documents mentionnés dans l'article précédent devront être certifiés authentiques par les consuls du Brésil ou leurs agents ; s'il n'en existe pas, on s'en tiendra à l'observation des dispositions de l'article 400.

ART. 620. — Les marchandises expédiées pour la consommation ne seront pas admises à l'expédition d'exportation avec restitution de droits.

Celles, au contraire, expédiées pour la réexportation, pourront être expédiées pour la consommation, et, dans ce cas, il sera restitué les droits de réexportation payés.

ART. 621. — Il ne sera accordé de permis de réexportation ou de transbordement que pour les marchandises étrangères entrées et devant sortir d'un port où existe une douane (article 25 de la loi n° 369, du 18 septembre 1845).

SECTION DEUXIÈME

Expédition des marchandises de transit.

ART. 622. — Les marchandises à destination de ports étrangers entrées en transit ne sont sujettes à aucun droit, et pour leur expédition on suivra les règles établies pour le cas de réexportation.

ART. 623. — Seront réputées marchandises en transit :

§ 1er. Celles marchandées comme telles dans le manifeste des embarcations qui les auront transportées.

§ 2. Celles appartenant aux embarcations entrées en

franchise ou réputées telles, dans la forme du chapitre 4, titre 4.

§ 3. Celles appartenant aux embarcations en relâche, condamnées ou naufragées, ne se dirigeant en aucun port de l'Empire.

ART. 624. — La caution dont parle l'article 611, § 3, sera exigée dans les cas de transit des marchandises par les rivières et cours d'eau intérieurs de l'Empire ou par l'intérieur de son territoire, dans les termes et conditions connus et spécialement déterminés.

CHAPITRE V

DES DROITS D'EXPÉDITION.

ART. 625. — Sont sujets aux droits d'expédition :

§ 1er. Les marchandises importées de ports étrangers, quelle que soit leur origine.

§ 2. Les marchandises déjà expédiées pour la consommation, qui seraient transportées d'un port à un autre de l'Empire et celles achetées à l'encan pour la consommation dans la forme de l'art. 305.

§ 3. Tous les objets et effets de production et de manufacture nationale transportés d'un port de l'Empire pour une autre province, avec les exceptions suivantes : 1° bétail, volaille; 2° fruits, légumes, farines, céréales de toute espèce; 3° viandes sèches ou fraîches quelle qu'en soit la préparation ou conserve, lard et graisses; 4° poissons frais, secs ou préparés de quelque manière que ce soit ou en conserves; 5° le sel commun.

§ 4. Les marchandises et objets manufacturés se rapportant à l'art. 512, § 25, 26 et 27, transportés d'un port de l'Empire pour un autre et qui sont considérés comme nationaux, excepté pour ce qui a trait à l'article 514.

§ 5. Tous objets exempts de droits en vertu de lois ou contrats.

§ 6. Tous objets transportés d'un port de l'Empire pour un autre, pour compte de l'administration générale ou provinciale.

Art. 626. — Les droits d'expédition seront perçus :

§ 1er. A raison de 1 1/2 0/0 de la valeur des marchandises auxquelles se rapportent les §§ 1 et 2 de l'article précédent et comprises dans le tarif en vigueur, ou, si elles étaient omises ou bien soumises aux droits *ad valorem*, ce qui sera constaté par les factures, on observera les règles marquées dans la section 1re du chap. III, présent titre.

§ 2. A raison de 1/2 0/0, conformément à la mercuriale hebdomadaire à laquelle se réfère l'art. 638 pour les objets et effets de production ou de manufacture nationale dont traitent les §§ 3 et 4 de l'article 625, en observant les dispositions de l'article 640, pour ce qui ne serait pas mentionné dans la mercuriale.

Art. 627. — Indépendamment des marchandises mentionnées dans l'art. 625, toutes celles exceptées par le § 3 du même article paieraient un droit d'expédition de 1/2 0/0 quand, dans l'intérêt des marchandises, ou à la demande des parties, elles seront déposées dans les magasins de la douane et y seront conservées.

Art. 628. — Dans le bordereau des marchandises et objets sujets aux droits d'expédition, on observera les mêmes règles que pour l'expédition pour la consommation, règles fixées par le chapitre III du présent titre, avec les modifications suivantes :

§ 1er. Les marchandises nationales pourront être expédiées par terre ou par eau, en dispensant la confrontation minutieuse pour celles qui ne peuvent être confondues avec celles d'origine étrangère.

§ 2. Les marchandises étrangères déjà expédiées pour la consommation, devront être accompagnées du laisser-passer authentique délivré par le fisc du port de provenance.

§ 3. La vérification des marchandises, dont traite le § 2, sera conforme à celle que veut le règlement pour les marchandises importées directement des ports étrangers. La différence, en sus vérifiée, donnera lieu à un droit de consommation, excepté quand sera évidemment reconnu l'absence de toute fraude volontaire.

§ 4. Le bordereau d'expédition des marchandises qui jouissent d'exemption de droit de consommation, sera présenté en triplicata au fisc.

Art. 629. — Le défaut de laisser-passer exigé, § 2 de l'article précédent, donnera lieu à la perception des droits de consommation, comme si la marchandise était directement importée d'un port étranger.

Art. 630. — Les marchandises étrangères, en douane ou en dépôt dans les magasins et entrepôts de la douane, expédiées pour la consommation et pour sortir par mer sur les navires devant les transporter dans un port quelconque de l'Empire, seront sujettes aux mêmes vérifications et fiscalités que celles sorties pour la consommation du lieu de douane, étant, en outre, déclaré dans ledit bordereau la destination desdites marchandises.

Art. 631. — Si, par accident quelconque, le laisser-passer manquait, il pourrait être suppléé par une seconde voie d'après les registres de douanes; ce duplicata sera, comme la première voie, remis cacheté. Mais si, avant l'arrivée de ce laisser-passer, on veut expédier la marchandise, alors on paiera les droits de consommation qui seront restitués, si avant six mois, à compter du jour de ladite expédition, on peut présenter ce laisser-passer ou duplicata; mais on paiera, dans ce cas, un droit en sus de 1/2 0/0 d'expédition.

Art. 632. — Les vêtements et meubles ayant servi, appartenant aux passagers d'un port de l'Empire pour un autre, comme aussi les objets d'or et d'argent ayant servi, n'ont pas besoin d'être accompagnés du laisser-passer, et ne sont pas sujets aux droits d'expédition. Il suffira, à l'entrée et à la sortie, d'observer les dispositions du règlement des ports.

Art. 633. — Les marchandises étrangères transportées d'un port dans un autre de la même province, sont sujettes à l'expédition et aux formalités exigées par l'article 628, § 3, bien qu'elles ne soient pas sujettes aux droits d'expédition.

Art. 634. — Administration intérieure.

CHAPITRE VI

DES DROITS D'EXPORTATION.

SECTION PREMIÈRE

Des objets et effets sujets aux droits d'exportation et de la manière dont ils doivent être calculés.

Art. 635. — Sont sujets aux droits d'exportation tous les objets et marchandises qui, d'un port du Brésil, seront exportés pour des marchés ou pays étrangers.

§ 1er. Sont exceptés :

1° Les objets et marchandises, quelles que soient l'origine et la provenance, qui, en conformité de la législation en vigueur, ont déjà payé les droits de consommation.

4° Les produits des fabriques de tissus établies ou à établir dans l'Empire durant les 10 ans qui leur ont été accordés par décret (n° 386) du 8 août 1846, et par règlement (n° 494) du 13 janvier 1849.

5° La monnaie d'or et d'argent.

6° Les objets de production et manufacture nationale exportés par terre ou par les rivières des provinces de l'Amazone, de Parà, Mato-Grosso pour les États limitrophes.

7° Les objets de production et manufacture nationale mentionnés dans le tableau annexé au décret (n° 2486) du 20 septembre 1859, qui seraient exportés par terre, rivières et cours d'eau intérieurs de la provenance de Rio-Grande du Sud pour les États limitrophes, dans la forme dudit décret.

8° Les provisions et réserves des navires à l'ancre dans les ports de l'Empire.

§ 2. Les objets manufacturés dans l'Empire non compris dans l'article précédent, bien qu'ils contiennent des matières premières étrangères déjà expédiées pour la consommation, ne sont pas exempts des droits d'exportation.

§ 3. Dans le cas de contestation de savoir si la marchandise mise en expédition est de nature étrangère et a déjà payé les droits de consommation, on devra payer les droits d'exportation.

ART. 636. — Le Gouvernement pourra, quand il le jugera convenable, assujettir aux droits d'exportation les objets et marchandises dont traite l'article 635, § 1, nos 6 et 7.

ART. 637. — Les droits d'exportation seront perçus à raison de 5 0/0 en vertu de la loi (no 1040) du 14 septembre 1859, article 9, § 13, par la valeur de la marchandise établie dans la mercuriale hebdomadaire.

Sont exceptées les marchandises énumérées dans les paragraphes suivants, dont l'exportation est sujette à des droits spéciaux.

§ 1. Les diamants bruts ou lapidés, à raison de 1/2 0/0.

§ 2. Les métaux précieux en poudre, en barre ou travaillés, excepté l'or en barre, à raison de 2 0/0.

§ 3. L'or en barre, à raison de 1 0/0.

§ 4. Le bois du Brésil, à raison de 15 0/0.

§ 5. La poudre nationale, à raison de 2 0/0.

SECTION DEUXIÈME

De la mercuriale hebdomadaire.

ART. 638. — La mercuriale hebdomadaire est dressée par deux vérificateurs, désignés par le chef de la répartition à la fin de chaque semaine.

ART. 639. — Les prix de la mercuriale hebdomadaire seront déterminés en général par une moyenne du marché sur chaque qualité des objets nationaux ou articles d'exportation ou d'importation.

ART. 640. — Quand un article non évalué à la mercuriale sera présenté à l'exportation, le droit sera perçu dans la forme voulue par le chapitre III, section x, page 28.

ART. 641. — Les dispositions des art. es précédents comprendront l'expédition des métaux et des pierres précieuses.

SECTION TROISIÈME

De la délivrance du bordereau d'expédition, de la vérification et de l'embarquement de ces objets et marchandises.

Art. 642. — Les dispositions du présent règlement s'étendront aux permis d'exportation des marchandises étrangères sujettes aux droits de consommation.

Art. 643 et 644. — Administration intérieure.

Art. 645. — Les propriétaires des embarcations employées dans le commerce de cabotage sont obligés de donner par écrit la preuve de leur sortie du port, et cela dans un délai qui leur sera marqué, ou lors de leur rentrée même dans le port, bien que le délai ne soit point terminé; la preuve de la destination des marchandises nationales qu'ils ont embarquées pour un port de l'Empire, sous peine de se voir condamnés aux droits d'exportation dus pour l'étranger.

Art. 646. — Dans le procès-verbal d'expédition des diamants, on observera les dispositions suivantes :

§ 1er. Quiconque veut exporter des diamants bruts, doit les présenter au fisc avec un bordereau semblable à ceux de toute autre marchandise, dans lequel on déclare le poids total des diamants en octaves et grains, pour lesquels il sera perçu 1/2 0 0 de droits d'exportation.

Art. 647. — Les marchandises d'exportation sujettes aux droits par leur poids, paieront le poids réel ou net, qui sera vérifié sans les enveloppes, toutes les fois que cela sera convenable aux intérêts du Trésor ou que la partie le demandera, observant dans ce cas les dispositions du titre V, chapitre II, section 1re, article 512, § 19, page 15.

§ unique. En dehors du rabais de tare, aucun autre rabais ne pourra être accordé dans les droits d'exportation, sous quelque prétexte que ce soit.

Ancrage.

Art. 663. — Toute embarcation provenant d'un port étranger est soumise à un droit d'ancrage à son arrivée dans un port du Brésil. Sont exceptés : 1° les navires et transports de guerre ; 2° les navires en relâche par force majeure ; 3° ceux qui, en un an, auraient satisfait deux fois à ce droit ; 4° ceux qui, entrés sur lest, sortent de même ; 5° ceux qui, sortis d'un port avec chargement, rentreraient dans un autre par force majeure ; 6° les paquebots à vapeur à service régulier.

Art. 664. — L'impôt d'ancrage sera de 300 reis par chaque tonneau de jaugeage.

§ 1er. Auront droit à un rabais de 50 0/0 : 1° les navires qui, entrés sur lest, sortent avec chargement *et vice versâ;* 2° ceux entrés en franchise.

§ 2. Les navires qui transportent des colons jouiront d'un rabais de 2 1/2 par tonneau pour chaque colon.

Art. 668. — Les droits d'ancrage ou autres des nations qui seraient plus élevés pour les navires brésiliens que pour les nationaux, seront augmentés d'un tiers en sus du droit d'ancrage ordinaire. Ce droit, le gouvernement se réserve de l'élever encore pour couvrir la différence imposée par ces nations aux tarifs brésiliens.

DÉCRET N° 2684 DU 3 NOVEMBRE 1860

ORDONNANT L'EXÉCUTION DU NOUVEAU TARIF DES DOUANES

Stipule :

Art. 1er. — Les droits de consommation seront perçus dans les douanes de l'Empire en conformité du tarif ci-après, en exécution du règlement n° 2647 du 19 septembre 1860.

§ 1er. Les marchandises brodées or ou argent ou ornées de galons, garnitures ou franges de quelque métal fin que ce soit, sur lesquelles il n'y aurait pas dans le tarif de taxe spéciale ou fixe, ou aucune disposition particulière, sont sujettes au double droit pour les marchandises identiques sans broderies ni ornements.

§ 2. Les droits des marchandises ou tissus ouvrés, brodés ou avec ornements, sujets à l'expédition sur facture, ne pourront jamais être moindres que ceux fixés pour les mêmes articles non ouvragés, brodés ou ornementés.

§ 3. Les marchandises non comprises au tarif qui ne peuvent être assimilées dans la forme de l'art. 568 du règlement, paieront le droit *ad valorem* et un droit additionnel de 30 0/0.

Sont exceptées de cette règle : 1° les marchandises fabriquées de matière première incluе dans ledit tarif, lesquelles paieront en raison des droits qui sont affectés à ces dites marchandises ; 2° les marchandises composées ou fabriquées de deux ou plusieurs matières comprises dans le tarif, lesquelles sont sujettes aux droits de la matière première la plus élevée.

§ 4. Les ouvrages de mercerie, vêtements de confection, la chaussure et autres articles semblables, sont assujettis aux droits en raison de la classe respective de chacun.

Art. 2. — En outre des droits de consommation dont traite l'art. 1er, il sera perçu, à partir de la date de la mise à exécution du présent décret, jusqu'à la fin de l'année financière 1862-63, dans toutes les douanes de l'Empire du Brésil, des droits additionnels sur toutes les marchandises pour la consommation du pays, en raison de 5 0/0 de leur valeur.

Sont exceptées : 1° les marchandises indiquées par un *, dont les droits additionnels seront taxés à 2 0/0 ; 2° celles qui jouissent d'exemption de droit de consommation dans la forme du règlement n° 2647 du 19 septembre 1860, et que nous indiquerons par ** comme exemptes de tout droit additionnel.

Ce décret, revêtu de la rubrique impériale du Brésil, est signé par le ministre.

A. P. DA SILVA FERAZ.

TARIF DES DOUANES

DE

L'EMPIRE DU BRÉSIL

TISSUS EN COTON, LAINE, FIL ET SOIE

BARÈGE

592 (*a*)	En coton.	vare. (*b*)	210
696	laine		300
852	soie unie, ouvragée		8,000
	— brodée	*ad valorem.*	

BAS

831	En fil, longs grands ord^{res}. . douz. de paire.		1,200
—	autres qualités		2,000
—	petits ordinaires		720
—	autres qualités		1,200
—	grandes ordinaires (chaussettes). . .		560
—	autres qualités		960
—	petites ordinaires.		360
—	autres qualités		600
	En fil Écosse, longs unis		4,000
—	— brodés.		5,400
—	grandes (chaussettes)		2,000
—	petites.		1,200

(*a*) Ces chiffres correspondent à ceux du tarif brésilien.

(*b*) On indique ici le réis pour unité numéraire, ensuite se trouve le droit additionnel, quand il est autre que les 30 0/0 affectés jusqu'en 1863 aux marchandises en général.

En fil Écosse, pour enfants, unis .douz. de p.	2,000
— — brodés	2,500
898 En soie simple.	8,000
— tissée gomme élastiq. à compression.	3,600
763 En laine, longs grands ordinaires.	560
— autres qualités.	2,000
— petits ordinaires	720
— autres qualités.	1,500
— grandes ordinaires (chaussettes). .	720
— autres qualités.	1,200
— petites ordinaires.	600
— autres qualités	960
666 En coton, grands ordinaires	360
— autres qualités.	720
— petits ordinaires	250
— autres qualités.	560
— grandes ordinaires (chaussettes) .	720
— autres qualités.	1,200
— longues petites.	600
— autres qualités.	969
En fil Écosse coton, longs	3,000
— brodés.	5,000
— grandes (chaussettes) . .	2,000
— petites	1,200
— pour enfants	1,500
— brodés.	2,000
— élastiques	4,800

BONNETS.

10 Crin, cheveux. . . . . un	300
49 Cuir, poil, ordinaires	400
— castor.	1,200
626 Tissu de coton.	200
— ciré.	300
655 — pour femme.	600
726 Tissu de laine avec galons fins.	1,800
— — faux	600
— — de soie	300
754 — pour femme, unis.	300
— — brodés.	800
870 Tissu de soie, unis ou ornés	600
— — brodés	1,200
— de velours, unis ou ornés	1,200
— — brodés	2,400

Tissu de velours, turbans. . . . . un. 1,500
— — cirés 500
891 Pour femme, tissu de soie. 1,400
— autres qualités 800
624 De nuit, coton uni. . . . . . douz. de paires. 300
— — doublé 600

BRETAGNES.

596 Coton blanc jusqu'à 20 fils. . . . . . . vare. 70
— de plus de 20 fils. 100
— imprimé. 150

BRINS

595 Coton. . . . . vare. 150
782 — fin, pour voilure. 120

BOURAKAN.

697 Vare. 300

BOURSES.

625, 727 et 701 Coton, laine et fil, unies 300
869 Soie, simples 5,000

BRETELLES.

841 Fil élastique. . . . . douz. de paire. 1,800
Autres qualités. 1,500
De Milleret, etc 1,000
770 Coton, élastiques 1,800
Autres qualités. 1,500
904 Soie, simples . . . . livre. 4,000
Élastiques. 2,000
De Milleret 5,000

CALEÇONS.

637 Coton point tricot ordinaire. . . . . . douz. 2,800
— autre qualité. 5,400
730 Laine point tricot ordinaire 3,600
— autre qualité. 7,200
De tout autre tissu. 6,400
803 Fil tissu ordinaire. 6,000
— point tricot 8,400
et droit additionnel, 40 0/0.

CAMBRAI.

596	Blanche jusqu'à 20 fils	vare.	100
	— de plus de 20 fils		180
	Imprimé jusqu'à 22 fils		150
	— de plus de 22 fils		210

CAPARAÇONS.

664	Coton	un.	480
829	Fil ordinaire		720
837	— demi-grand		2,100
	— grand		3,000
761	Laine, tissu drap		900
	— autre		600

CAPOTES, PALETOTS, MANTELETS.

636	Coton	livre.	500
737	Laine		800
862	Fil		600
877	Soie		5,000

CASAQUES.

738	Laine, simples	un.	8,000
	ouatées		12,000
		et 40 0/0.	

CASTORINES.

695 et 598	Laine et coton	vare.	300

CEINTURONS.

723	Laine	livre.	900
835	— élastiques	douzaine.	1,200
744	Fil	livre.	150
882	Soie élastiques		2,000
60	Cuir	un.	100

CHALIS.

699	Vare		300

CHAPEAUX.

562	Paille grosse	un.	200
	— autres qualités		400

560	Paille d'Italie, simple, pour homme. . . . un.	300
	— doublé, —	500
	Du Pérou, Chili, etc.	1,000
	De palmier.	180
	De riz.	300
	— simple pour femme, enfant.	300
	— orné —	1,200
	— simple, autres qualités . .	1,500
	— orné	3,000
24	Poil, crin, ordinaire, pour homme.	400
	— autre qualité —	1,200
	— uni, pour femme.	1,200
	— orné, —	2,100
	— uni, pour enfant.	600
	— orné, —	1,200
	— pour ecclésiastique.	3,000
	Castor pour homme.	2,400
	— uni, pour femme.	2,400
	— orné, —	3,000
	— uni, pour enfant.	1,200
	— orné, —	1,800
	— pour ecclésiastique.	3,600
640	Coton ordinaire, pour homme	360
	— autre, —	1,200
	— uni, pour femme	1,200
	— orné, —	1,800
	— uni, pour enfant.	750
	— orné, —	1,200
	— pour ecclésiastique	2,400
742	Laine ordinaire	360
	— fin et demi-fin.	450
	— mérinos.	1,200
	— uni, pour enfant.	750
	— orné, —	1,200
	— de feutre, ciré, pour marin.	500
191	— — ordinaires. . . . . livre.	200
	— — autres sortes.	900
55	Basane ordinaire.	400
	— autres qualités.	1,200
	— vernis, ...	500
800	Fil ordinaire, pour homme.	360
	— autres qualités, —	1,200
	— uni, pour femme.	1,200
	— orné, —	1,800
	— uni, pour enfant.	750

	Fil orné, — . . . . livre.	1,200
881	Soie, uni, armé..	2,400
	— avec houpe.	6,000
	— galon or, argent	12,000
	— ornements noirs	4,000
	— gibus.	1,800
	— avec ganse or, argent.	3,600
	— soie et plumes.	2,400
	— rond, pour homme..	1,500
	— simple, pour femme..	1,500
	— orné, —	2,400
	— simple, pour enfant.	900
	— orné, —	1,200
	— pour ecclésiastiques.	3,000
	Tulle, dentelle, ordinaire, simple.	300
	— — orné	1,200
	Autres qualités, simple.	1,500
	— orné..	3,000
	Velours simple.	3,600
	— orné.	4,800

CHAUSSURES.

51	Bottes à l'écuyère . . . . paire	4,000
	— vernies.	6,000
	— autres.	4,800
	— ordinaires vernies.	3,200
	— — autres.	2,000
	Bottines cuir, ordinaires	1,600
	— pour adolescent.	900
	— pour enfant.	400
	— tissu coton et fil.	1,000
	— — pour adolescent.. .	700
	— — pour enfant.. . . .	300
	— tissu soie..	2,000
	— — pour adolescent.. .	1,300
	— — pour enfant.. . . .	800
	Brodequins pour adolescent..	200
	— pour enfant.	150
	Pantoufles vernies..	600
	— ordinaires.	200
	— brodées.	300
	— tissu coton, fil, unies. . . .	160
	— — brodées.	300
	— tissu de laine, unies.	240

Pantoufles tissu de laine, brodées. . . , paire.		1,200
— tissu de soie, unies..		800
— — brodées		1,600
Demi-bottes vernies.		2,000
— autres qualités		1,600
— grosses, pour troupe.		600
Galoches.		600
Souliers cuir vernis.		1,200
— — pour adolescent.		800
— — pour enfant.		300
— autres qualités.		800
— — pour adolescent. . .		600
— — pour enfant		240
— gros.		400
— semelle fine, tissu soie.		800
— — p. adolescent.		400
— — p. enfant. . .		300
— ornés		1.600
— — pour adolescent.		1,200
— — pour enfant.		800
— tissu quelconque, homme..		600
— — femme.		300
— — garçon.. . . . . . ·		400
— — fille.		200
— — petit enfant.. . . .		150
Sabots cuirs vernis, ornés.		300
— — pour adolescent. .		200
— — pour enfant. . . .		150
— de toute autre qualité.		200
— — p. adolescent. .		150
— — p. enfant. . . .		100
677	Chaussons tissu coton, pour enfant.	60
	— — brodés. .	120
903	— soie, pour enfants, unis.	150
	— — brodés. .	300
65	Pièces de chaussure veau, bottines..	480
	— souliers.	300
	— maroquins, bottines . .	300
	— — souliers. .	180
	— vernis, bottines.. . . .	600
	— — souliers.. . . .	350
	— autres qualités, bottines	450
	— — souliers.	300
	et 40 0/0.	

CHEMISES.

631 Coton ordinaires . . . . douzaine. 4,000
   — fines et demi-fines. 6,400
   — avec devant de fil, ordinaires 7,200
   —   —   fines 9,600
   — à point de tricot, ordinaires 1,800
   —   —   autres qualités . . . 4,500
797 Fil, unies, ordinaires 12,000
   — fines et demi-fines. 18,000
   — point de tricot 6,000
732 Laine flanelle 4,000
   — point de tricot, ordinaires ; 2,400
   —   —   autres qualités. . . . 6,000
670 Coton, devant de chemise avec ou sans plis . 900
833 Fil,   —   — 1,800
671 Coton, poignets de chemises. 600
836 Fil,   — 1,200

et 40 0/0.

CHENILLES.

856 Pour broderie. . . . . livre. 8,000

CLÉMENTINES.

867 Soie . . . . livre. 5,000

COCHENILLES,

648 Coton. . . . . livre. 200
814 Fil 300
748 Laine 360

COIFFES.

844 Fil, point de tricot. . . . . livre. 500

COLS DE CHEMISE.

810 Fil, unis. . . . . douzaine. 1,200
et 40 0/0.

CORDONS.

813 Fil. . . . . livre. 600
885 Soie. 5,000
747 Laine. 1,000

CORSETS.

815 Fil . . . . un.   150

COTON EN FIL.

**859 Simple, pour tissus écrus, blancs . . livre.   20
            et 10 0/0.
  —   —   teint. . . . livre.   30
  En écheveau. 300
  Pour la pêche 50

COUPONS.

599 Coton pour chaussure, unis . . . . . , paire.   120
783 Fil   —   120
           brodés 240
700 Laine 180
     Tous autres coupons, *ad valorem*.

COUVERTURES.

 53 Cuir. . . . . livre.   800
 75 Maroquin, peaux pour cheval.. . . . . un.   1,200
634, 735, 801 Coton, laine, fil. . . . . . livre.   500
         Pour parapluie (poche) 200
745 Laine rouge. . . . . arrobe.   9,600
   — blanche et autres. 7,500
809 Fil, grosses ordinaires. 3,600
   — doublées. 9,600
   — ouatées . . . . livre.   200
876 Soie. 5,000

CRAVATES.

820, 755 Laine, fil, unies . . . . douzaine.   2,400
 68 Cuir blanc ou noir (cols). 900
   — vernis 1,800
892 Soie à ressort (cols). . . . . livre.   2,500
   — ordinaires. 6,000

CRINOLINES.

 27 En pièce. . . . . vare.   300
     En œuvre . . . . livre.   800

DAMAS.

600	Coton.	vare.	360
701	Laine		600

DENTELLES.

**838	Fil, françaises, valenciennes, bruxelles, gui- pures, etc.	livre.	12,000
	— ordinaire de Porto		5,000
**901	Soie, simples		10,000
	— avec verroteries		5,000
**767	Laine en pièce		4,000

et 20 0/0.

DESCENTES DE LIT.

692	Laine façon velours, ordinaires . . .	livre.	600
	— — fines		1,000
	— de toute autre façon, ordinaires. . .		300
	— — fines		600

ÉVENTAILS.

30	Avec plumes de l'Inde, bâton d'os, etc.	un.	1,200
	— — d'ivoire. . . .		2,400
136	Tout en nacre unis ou ouvrés, .	douzaine.	3,600
	— qui s'ouvrent.		4,800
	Tout en ivoire, unis ou ouvrés.		3,000
	— qui s'ouvrent.		3,600
	En tortue, unis ou ouvrés.		4,800
	— qui s'ouvrent.		6,000
	Avec ornements, or, argent, etc. *ad valorem.*		
509	Tout en bois ordinaires.	un.	500
	En bois de sandal ordinaires.		1,500
	— — autre qualité.		2,400
908	Soie, simples.	douzaine,	3,600
560-584	Paille.		480
1516	Papier avec bâtons de bois ordinaire . .	un.	50
	— autres qualités. . . .		300
	Avec bâtons de métal, unis simples.		240
	— ouverts-ornés		340
	— avec bâtons d'ivoire.		1,240
	— ouvrés, ouverts. . . .		2,400
	Papier soie de l'Inde, bâtons de nacre unis		
	— simples.		2,400
	— ouvrés ouverts. . .		4,800

Avec bâtons de sandal ordinaires. . , un, 1,200
— autre qualité. 2,400

FIL, CHANVRE ET LIN.

**778 Simple, écru, blanc. . . . . livre, 60
et 10 0/0. . . . .
— — Teint. 90
En écheveau, peloton. 300
En charpie. 120
Ficelle. 60

FILETS POUR LA PÊCHE.

672 Coton et fil, traîneur. . . . . un, 9.000
— Tramail, épervier, etc. , ... 1,500

FLANELLES.

693 Lustrées . . . . vare, 200
591 Autres 150
694 Imprimées 300
Autres 180

FLEURS.

651, 752, 579, 888, 816 Fleurs artificielles, coton, soie, fil . . . . once. 300

FUTAINES.

602 Coton, ordinaires. . . . . vare, 300

GALONS ET GANSES.

654, 818, 786 Coton et fil . . . . livre, 800
753, 720 Laine. 1,000
890, 862 Soie. 5,000

GANTS.

72 Castor, courts. . . . . . . douz. de paires, 2,400
— longs. 4,800
— avec poignets 3,000
Peau, courts, ornés. 3,000
— — simples. 2,400
— longs, ornés. 4,800
— — simples. 3,600

760, 828 Fil et coton. . . . . douz. de p.   600
760 Laine..   900
896 Soie. 8,000

GAZE.

857 Soie, gommée . . . . livre, 3,600
618 Coton.   800

GANGUES.

603 Coton. . . . . vare,   150

GILETS.

645 Indienne. . . . . un,   300
    Futaine..   600
746 Cachemire et imitations. 2,000
    Autres sortes 1,200
811 Fil uni. 1,000
884 Soie, point tricot . . . . livre, 5,000
    Satin.. . . . . un, 1,500
    Velours 2,400
    — à manches..   840
                                    et 40 0/0,

GRECS.

756 Laine.. . . . . livre. 1,000
657, 821 Fil et coton.   800
893 Soie, simple 5,500
    — avec verroteries.. 2,500
                                    et 40 0/0,

GUÊTRES.

78 Livre   600

HAMACS.

672 Coton, unis. . . . . un, 1,500
    — avec franges. 2,000
837 Fil, unis. 2,000
    — avec franges. 3,000

HOLLANDE,

604 Écrue . . . . vare,   80

IRLANDE.

605 Blanche, jusqu'à 20 fils . . . . vare,   70
    —   de plus de 20 fils   100
    Imprimée   150

JAQUETTES.

757, 823, 894 Laine fil, soie-gros . . . . . . une,   800
                —   fin, demi-fin 2,400
                —   autre . . *et 40 0/0.* 1,200

JARRETIÈRES.

 69 Peluche . . . . douz. de paires. 1,200
759 Laine, simples   960
    —   brodées 1,200
895 Soie, unies 4,000
827 Fil,   —   100
    —   brodées 1,500
662 Coton, unies   560
    —   brodées   960

JUPONS.

34 Crin ou crinoline . . . . livre,   800
   Coton, simples . . . . un,   800
   —   avec armures . . . . *et 40 0/0.*   900

LACETS.

622 Coton . . . . livre,   300
787 Fil   600
863 Soie 5,000
721 Laine 1,000

LAINE EN FIL.

690 Pour sellier . . . . livre,   420
    Pour broder   800

LIE.

730 Laine, simple . . . . livre,   500
    —   autre   600
795 Fil   400
872 Soie 5,000
629 Coton   300

MAILLOTS.

749 Flanelle. . . . . un, 600
. Casimir 1,200
et 40 0/0.

MADAPOLAMS.

608 Blancs, jusqu'à 20 fils , ... vare, 70
   — de plus de 20 fils , ... 100
   — en coupon. . . . . livre, 150
Imprimés (indienne). . . . . vare, 150
Lustrés (indienne de Perse) 270
En coupon 180

MANTEAUX,

635 Coton . . . . un 1,500
Toile cirée. 1,800
736 Laine, pour homme, casimir. 10,000
   —   — gros drap. 1,600
   —   — mérinos. 6,400
   —   — autre tissu. 6,400
   —   — ciré simple 1,800
   —   — — doublé 3,000
   —   — autres qualités 12,000
et 40 0/0.

MATELAS-TRAVERSINS.

25 Coton, laine, doublé. . . . . arrobe. 3,000
Maroquin   — 4,800
Soie   — 7.500

MÉRINOS.

707 Ordinaire . . . . vare. 400
710 Autre 900

MOUCHOIRS.

758 Laine, unis, imprimés. 360
   — mérinos. 720
   — de chameau 1,200
638 Coton pour le cou. . . . . livre. 600
   — peluche 900
Indienne, jusqu'à 24 fils . . . . vare. 120
   — de plus de 24 fils 180

Indienne, autres sortes. . . . . vare.	120
804 Fil, blanc, imprimé, pour le cou, 24 fils . .	600
— — — — de plus de 24 fils.	800
— point de maille. . . . . livre.	1,200
826 — uni, imprimé, jusqu'à 24 fils . . vare.	400
— — de plus de 24 fils. . . .	600
879 Soie, double tissu. . . . . livre.	8,000
— foulards.	4,000
Velours, taffetas.	6,000
— autre	5,000
661 Coton uni, jusqu'à 24 fils. . . . . . . vare.	100
— — de plus de 24 fils.	150
— brodé jusqu'à 24 fils	120
— — de plus de 25 fils.	180
— tout brodés, jusqu'à 24 fils.	160
— — de plus de 24 fils. . . .	240
609 Coton, ordinaires	180

MOUSSELINES.

597 Transparentes, unies. . . . . .vare.	300
— brodés.	600
Autres sortes, unies, jusqu'à 20 fils.	100
— de plus de 20 fils.	180
— travaillées, ordinaires . . .	120
— qualité française.	250
— brodées.	400
— organdis	210
— autres, jusqu'à 22 fils	150
— de plus de 22 fils . . .	210
— en coupons	240
698 Laine, unis jusqu'à 18 fils.	200
— — de plus de 18 fils.	300
— ouvrées	300

PALETOTS.

832 Fil . . . . un.	1,200
667 Coton.	560
764 Laine, casimir.	4,000
— — doublés	6,400
— autre tissu	2,800
— — ouatés	12,000
800 Soie	5,000

et 40 0/0.

PANTALONS.

630	Coton tissu uni	un.	480
	— croisé		640
	— point tricot		800
731	Laine mérinos		1,500
	— drap gros		960
	— casimir fin, demi-fin		2,400
790	Fil, tissu uni		960
	— croisé		1,200
	— point tricot		1,000

et 40 0/0.

PANTOUFLES.

571	Cuir	paire.	200

PARAPLUIES.

640	Coton, pour homme	un.	480
	— pour femme		240
742	Laine, pour homme		900
	— pour femme		600
806	Fil, pour homme		480
	— pour femme		240
881	Soie, pour homme		1,800
	— pour femme		1,200

PÉKIN, DAMAS, TAFFETAS, ETC.

855	Soie, unis ou ouvragés	livre.	6,000

PELUCHES.

859	Soie	livre.	4,000
711	Laine		450
613	Coton		240

PONCHES-MANTEAUX.

800	Fil, simples	un.	2,400
	— cirés		1,800

et 40 0/0.

RATINES-BAYETTES.

713	Laine	varc.	240

ROBES DE CHAMBRE.

805 Fil, unies	une.	3,000
— ouatées		4,200
639 Coton, unies.		2,400
— ouatées		3,600
741 Laine, unies.		4,800
— ouatées		8,000
880 Soie, unies.		6.000
— ouatées		10,000

et 40 0/0.

ROUENNERIES.

614 Coton blanc, jusqu'à 20 fils	l'are.	70
— — de plus de 20 fils		100
— couleur.		80

RUBANS.

887 Soie.	livre.	6,000
865 — simples		5,000
— brodés or ou argent		7,200

SACS.

47 Cuir, ordinaires, à ouvrage	un.	600
— ornés		1,200
81 — de chasse (gibecière)		600
— de voyage ou de nuit.		900
— avec malle dessous.		1,500
581 Paille et toile grosse	livre.	160
839 Fil grossier.		100
— de voyage.		900
768 Laine	un.	900
— avec malle au-dessous		1,500
674 Coton, ordinaires	livre.	80
— de voyage.	un.	900

SANGLES.

641 Coton, petites	paire.	240
— grandes	une.	180
743 Laine, petites	paire.	360
— grandes	une.	240
807 Fil, petites.	paire.	360
— grandes	une.	240

SATIN LAINE.

716	De Chine. . . . . vare.	480
718	A point de tricot.	600

SCHALS.

740	Laine, uni, imprimé . . . . vare.	500
	Mérinos	960
	Poil de chameau	1,500

SERGE.

687	Coton . . . . livre.	250
715	Laine . . . . vare.	480
774	— pour cheval . . . . livre.	400
848	Fil —	250

SOIE EN FIL.

*851	Écrue ou teinte . . . . livre.	500
	Pour broder et cordonnet, etc.	1,200

et 10 0/0.

TABLIERS.

722	Laine, unis . . . . un.	400
778	Fil, unis, ouvrés.	300
864	Soie, —	1,200

et 40 0/0.

TAFFETAS.

853	Ciré. vare.	600

TAIES D'OREILLERS.

653	Coton, unies, jusqu'à un mèt. de long. une.	240
	— de plus d'un mètre.	480
817	Fil, unies, jusqu'à un mètre de long	800
	— de plus d'un mètre	1,600

TAPIS.

590	En coton. . . . . livre.	200

TÉTIÈRES.

628, 729	Laine, coton, fil simple. . . . . . une.	600
	— avec métal ordinaire. . .	750
	— pour licou.	300

TISSUS.

860 Soie, point de tricot . . . . livre.	5,000
— de tapis.	4,000
717 Laine, point de tricot. . . . . vare.	600
779 Fil, écru uni, jusqu'à 10 fils . . . . . livre.	80
— — — de plus de 10 fils.	120
— — croisé, gros.	90
— — autres	180
780 — blanc ou impr., uni, jusq. 15 fils, vare.	120
— — de 15 à 20 fils. . .	180
— — de 20 à 25 fils. . .	250
— — de 25 à 30 fils. . .	400
— — de plus de 30 fils .	600
— — croisé	270
— — damasquiné	390

TRANSPARENTS.

582 Paille . . . . un.	900
684, 772, 846. Coton, laine et fil, peints	1,200
— — coloriés . . .	1,800
907 Soie, peints	1,800
— coloriés	3,000

TOILE A VOILES.

606 Chanvre écru . . . . vare.	180

TOILES.

787, 610 Fil, coton, fines, cirées, avec poils vare.	320
— — sans poils . . .	200
— — grosses	900
616 Toile royale, coton.	240
*612 Toile coton écrue unie, jusqu'à 10 fils. . . .	90
— — — de plus de 10 fils . .	70
— — croisée.	100
— — de couleur, unie	100
— — — croisée . . .	150
— — damasquinée.	240
615 — rayée, jusqu'à 20 fils	100
— — de plus de 20 fils	150
708 Laine	600

TULLES.

845	Fil.	livre.	900
601	Coton, communs.	vare.	80
	— gommés.		120
	— point de tricot, unis.		200
	— — — ouvrés.		300

UNIFORMES.

751	Drap gros	un.	4,000
	Autre qualité, courts.		10,000
	— longs		20,000

VELOURS.

861	Soie, unis, ouvrés	livre.	6,000
593	Coton		300
712	Laine		900

VOILES.

909	Soie, unis, ouvrés	livre.	8,000
685	Coton	douzaine.	1,200

VOILURES.

646	Coton.	arrobe.	1,200
812	Fil, en pièces		1,500
	— en coupons		1,800

OBJETS DE PARIS ET OBJETS DIVERS

AFFILOIRS.

1413	Pour couteaux, manche os, corne . .	douz.	1,800
	— — ivoire, nacre, tortue. . . .		3,600
	— rasoirs ordinaires.		1,200
	— — fins, à deux faces		2,400
	— — — à quatre faces		4,800

AIGUILLES.

1079	A coudre.	livre.	600
	D'emballage.		500
1006	En cuivre.		1,200
118	A crochet, os, corne.		1,200
	— ivoire, nacre, tortue.		3,600
1241	Pour montre.	once.	300
	— pendule		150

ALBUMS.

912	Couverture papier mâché, soie, velours. liv.	1,500
	— — cuir, maroquin	800

ANCRES.

1084	Quintal	3,000

ANNEAUX.

1086	Pour clef.	livre.	600
	Autres sortes.		60
1009	Cuivre ordinaire.		180
	Autres sortes.		250
984	Verre.		900
120	Ivoire, tortue		9,000

ARDOISES.

945	Brutes.	arrobe.	240
	Carreaux, jusqu'à 100 pouces		40
	Feuilles.	livre.	10
	Crayons.		60

ARGENT.

*1001	Feuilles, argentures	once.	50
	Franges, galons		150
	— dorées		200
	OEuvre simple.	octave.	25
	— dorée		30

ARMURES POUR PARAPLUIE.

538, 121	Baleine.	livre.	180

BAGATELLES (JEUX).

463	Bois ordinaire . . . . une.	10,000
—	fin	20,000
552	Jonc . . . . livre.	90

et 40 0/0.

DAHUTS.

464	Bois ordinaire peint, jusqu'à 2 palmes . un.	300
	— — — de 2 à 4	600
	— — — de plus de 4	900
	— — doublé de cuivre, jusqu'à 2 .	600
	— — — — de 2 à 4 . .	900
	— — — — de plus de 4	1,200
	— — — de maroquin, jusq. 2.	1,800
	— — — — de 2 à 4.	2,400
	— — — — plus de 4	3,000
	— santal, etc., uni, jusqu'à 2	1,800
	— — — de 2 à 4	2,700
	— — — de plus de 4	3,600
	— — plaqué, jusqu'à 2	3,000
	— — — de 2 à 4	3,600
	— — — de plus de 4.	4,800

BALAIS.

583	Paille . . . . douzaine.	600
35	Autres	1,200

BALANCIERS.

1240	Pour pendule . . . . livre.	900

BALANCES.

1419	Plateaux simples communs, fer. . . . . livre	120
	— — — cuivre	240
	— — — fer et bois, ord.	180
	Décimales pour peser jusqu'à 250 kil. une.	10,000
	— — de 250 à 500	15,000
	— — de 500 à 1000	20,000
	— — de plus de 1000 . . .	30,000
	Horizontales, jusqu'à 12 pouces	3,000
	— de 12 à 18	5,000
	— de 18 à 24	8,000
	— de plus de 24	12,000

Pour grains, communes . . . . une. 600
—   à colonnes 1,800
—   à ressort, simples . . . . livre. 400

BALLES.

1205 Fer . . . . quintal. 1,200
     Plomb. 4,500

BARBATANE.

*111 Baleine . . . . arrobe. 2,400
                       et 10 0/0.

BARQUES.

468 Canots à 2 rames. . . . . un. 20,000
     Autres. 40,000
     Baleinières à 4 rames 30,000
     —   de plus de 4 rames 50,000
     Chaloupes 60,000
     —   de pêcheurs, couvertes. 120,000
     —   —   non couvertes . . . 90,000

BARILS.

469 Entiers, vides . . . . un. 500
     Démontés . . . . arrobe. 300

BARRIQUES.

520 Entières, vides. . . . . une. 1,600
     Démontées. . . . . arrobe. 300

BASSINES.

1012 En cuivre . . . . livre. 180

BAIONNETTES.

1206 Une. . . . . une. 300

BERCEAUX.

540 Osier . . . . un. 2,400
1015 Cuivre, unis, simples. 3,000
     —   ouvragés. 6,000
1095 Fer, unis 2,400
     —   travaillés. 4,800
473 Bois ordinaire. 4,000
     —   fin. 8,000

BIBLIOTHÈQUES SANS LIVRES.

409 Bois ordinaire, pour suspendre. . . . . . un.   1,200
  — — avec portes et secrétaire. . .   8,000
  — — sans portes.   4,000
  — fin, pour suspendre   2,400
  — — avec portes et secréta're.   20,000
  — — sans portes   12,000

                              et 40 0/0.

BIDETS.

474 Bois ordinaire . . . . un.   1,200
  — fin   3,000

                              et 40 0/0.

BILLARDS.

475 Bois ordinaire . . . . un.   80,000
  — fin   100,000

                              et 40 0/0.

BILLES DE BILLARDS.

932 Livre   200

BOITES.

1497 Pour bonbons, avec ornements. . . . . une.   400
  A glace, damier   150
  Pour rasoirs   240
  Pour eaux gazeuses, en bois, carton   200
  Bois verni, papier mâché, unies, simples . .   900
  — — dorées, argentées.   1,200
  Nacre, avec ornements. 1.800
  Pour jeu de cartes, unies.   600
  — — autres   1,600
  Pour bijoux, instruments, unies   600
  — avec garnitures fines.   900
  913 Carton   180
  478 Bois, pour pains à cacheter.   300
  — grandes, ordinaires.   180

BOUCHONS, BONDES.

471 Bois. . . . . arrobe.   1,800
402 Liège   1,200

BOUCLES.

1127 Fer simple étamé. . . . . livre.	60
Acier poli.	300
1162 — plaqué.	500
1043 Cuivre, ordinaires	180
— poli, verni.	250
— doré, argenté, etc	600

BOULES.

003 Verre ou cristal	300
124 De billard, or, corne.	420
— ivoire.	3,600
479 — petites	300

BOUTEILLES.

001 Verre ordinaire, obscur . . . . livre.	20
— nº 1.	60
— nº 2.	90
— nº 3.	120
— nº 4.	240
— empaillé.	60
— cantines.	20

BOUTOIR.

1471 Pour maréchal. . . . . livre.	120

BOUTONS.

20 Cheveux, crins	500
125 Or, corne	180
Nacre, ivoire.	2,000
Tortue.	6,000
480 Pour pantalons, gilets, etc	180
627, 428, 703 Pour tissus de coton, laine et fil.	400
871 , — de soie	800
934 Albâtre	600
963 Porcelaine.	180
985 Verre	180
1098 Acier	150
1157 Composition.	1,120
1016 Métal blanc ou jaune, avec trous	150
— — unis.	300

Dorés, argentés . . . . livre.   600
—   —   avec emblêmes   900
—   —   pour uniformes 1,200
—   —   ouvragés. 1,200

BRACELETS.

146 Os, corne, etc. . . . . livre. 1,200
Ivoire, nacre. 6,000
976, 997 Porcelaine ou verre.   600

BRAS DE BALANCE.

1017 Cuivre. . . . . livre.   180
1099 Fer, acier   120

BRIDES.

1100 Simples . . . . une.   200
Avec garnitures   600
Métal   450

BRIQUETS.

1133 Un.   180

BROCHES.

1120 De cuisine. . . . . une.   60

BROSSES.

28 Manche côté d'ivoire, pour vêtements. douz. 12,000
—   —   pour dents, ongles. . . 1,500
— os, corne, pour vêtements, ordin^{res} ,   800
—   —   —   fines. . . 2,400
—   —   pour nettoyer les métaux ,   300
—   —   à dents, ord^{res} et 1/2 fines,   300
—   —   —   fines.   600
—   —   à laver, pour table 1,200
—   —   pour chaussures, etc . . .   600
576 De paille, crins, etc., pour vêtements. . . . 2,400
—   —   pour autres usages. . . 1,200
750 De laine, pour frictions. 2,400

BROUETTES.

1429 Simples . . . . une.   900
Peintes 1,200

BRUNISSOIRS.

1424 De Silex, pour dorer. . . . . un. 1,800
     D'agate 900

BURINS.

1425 Un. 150

BUSTES POUR JARDINS.

944, 967 Faïence ordinaire. . . . . livre. 30
     — fine, porcelaine. 120

CABANS.

567 Petits paniers en paille, ordinaires . . livre. 200
     — — — fins 800
566 Grands — — — . . . . . . un. 240
565 — — en jonc . . . . arrobe. 640
     — — en palmier. 1,600

CACHETS.

1476 Os, corne, bois. . . . . livre. 600
     Faïence, verre, cristal 1,200
     Ivoire, nacre, tortue. 4,800
     Métal blanc, etc 1,200

CADENAS.

1020 Cuivre, simples ou communs. . . . . . livre. 250
     — avec lettres, secrets, etc 1,200
1105 Fer, simples. 180
     — avec lettres, secrets, etc. 600
1230 Pour montres 1,200

CAISSES.

484 Bois ordinaire, non montées . . . . . arrobe. 400
     — — montées . . . palme cube. 30
     — — peintes, garnitures ord. liv. 200
     — fin 400
     Autres, unies, simples . . . . une. 3,000
     — garniture en métal 9,000

CANIFS.

1231 Manche os, bois, corne, petits, de 1 à 2 lames. . . . . douz.   480
—   —   —   de plus de 2 lames.   900
—   ivoire, nacre, tortue, de 1 à 2 lames.   2,400
—   —   —   —   de plus de 2 .   3,600
—   os, bois, corne, fer, à ressorts . . .   2,400
—   ivoire, nacre, tortue,   —   . . .   4,800
—   os, bois, corne, fer, grands, de 1 à
2 lames . . .   600
—   —   —   de plus de 2 . .   1,200
—   ivoire, nacre, tortue, de 1 à 2 lames.   3,600
—   —   —   —   de plus de 2 . .   4,800
Ordinaires, pour marins   300
Pour couper les branches, de 1 à 2 lames. .   1,500
—   —   de plus de 2. . . .   1,920
Avec accessoires pour voyage.   3,600

CANNES-BAMBOU.

530 Pomme os, corne, métal ordinaire . . douz.   1,500
—   nacre, ivoire, tortue.   4,800
A longue vue . . . . une.   1,200
Avec sifflet.   3,000
Avec ligne de pêche   600
(bois ordinaire.)
472 Pomme os, corne, métal ordin^re, etc . douz.   1,500
—   ivoire, nacre, tortue.   4,800
Avec roseau pour pêche, etc . . . . . une.   600
Avec sifflet ou autre instrument.   3,000
Avec longue-vue.   1,000
122 Badines, baleine. . . . . douz.   2,800
—   ivoire. . . . . livre.   3,600
—   corne préparée   2,000
—   tout corne.   5,000
et 10 0/0.

CANONS.

1207 Pour mousqueton, fer . . . . un.   900
—   —   bronze   1,800
—   fusil, ordinaire.   300
—   pistolet. —   480

CAPSULES.

1215 Pour pièce d'artillerie . . . . livre.   600
— fusil, pistolet   450

CARABINES.

1209 Une   1,500

CARACTÈRES D'IMPRIMERIE.

*1530 Avec dessins, emblèmes . . . . livre.   100
Gothiques, deux points, initiales   150
Autres   25

CARTES A JOUER.

915 En jeu . . . . livre.   400
En feuilles   300
et 40 0/0.

CARTON BRISTOL.

914 Porcelaine . . . . livre.   150
Ordinaire collé   60
913 A chapeaux   90

CARREAUX.

955 Terre pour bâtir . . . . mille.   2,000
— pour carreler   5,000
— réfractaires   10,000
— à nettoyer . . . . arrobe.   300
962 Marbre . . . . 100 pouces.   60

CASSE-NOISETTES.

1472 Fer ou acier . . . . livre.   180
Cuivre, simples   240
Bronzés   400
Argentés, dorés   600

CASSEROLES.

1052 Cuivre . . . . livre.   250

CASSOLETTES.

1141 Fer . . . . livre.   120
1054 Cuivre   250

CERCEAUX.

1088 Pour selles . . . . livre.	180
1155 Plaqués	500

CERCLES.

461 Pour mâts. . . . . douz.	480
— tamis	600
— barriques . . . . cent.	600
1010 Cuivre. . . . . livre.	250

CHAINES.

1083 Jusqu'à 1/2 pouce de grosseur . . . quintal.	2,800
De plus de 1/2.	3,000
1030 Cuivre, simples et étamées.	240
— bronzées.	300

CHAISES.

483 Bois ordin^re, siége paille, avec bras. . une.	600
— — — sans bras.	400
— — bois, avec bras	1,000
— — — sans bras	600
— — paille fine, avec bras . .	2,000
— — — sans bras . .	1,000
Bois fin, siége paille fine, avec bras.	4,800
— — sans bras.	2,400
Dorées, vernies, or, avec bras	12,000
— — sans bras	8,000
Dites d'Italie, avec bras	2,000
— sans bras	1,000
— dorées, vernies, or, avec bras.	3,200
— — — sans bras.	2,400
Élastiques, bois ordinaire	3,000
— — fin	6,000
Poltronnes, doublées soie	25,000
— — laine, crin	20,000
— — maroquin	20,000
— — tissu, coton, fil.	10,000
Grossières, de pin pour jardins.	200
— branches d'arbre.	400
Pour enfant, bois ordinaire.	800
— bois fin	2,000

1166	Fer, unies, simples	une.	400
	— ouvragées.		600
	— à dossier		1,200
1113	— autres sortes ordinaires	livre.	120
466	Bois ordinaire, avec bras (bancs).	une.	1,800
	— — sans bras.		1,000
	— fin, avec bras.		3,600
	— — sans bras.		2,400
543	Bambous, etc., sans bras (tabourets)		2,400
	— avec bras.		3,000
	— élastiques.		3,600
	— grande poltronne.		6,000
	Osier, balançoire.		2,400
	Autre		1,200
526	Percées, bois ordinaire, simples		1,500
	— — — avec dossier.		3,000
	— — fin, simples.		3,000
	— — — avec dossier		5,000
	A pompe.		10,000
1021	Cuivre, unies, simples.		1,800
	— avec ornements		3,000
	— à élastiques		5,000
1496	Papier mâché, unies, simples.	livre.	600
	— — dorées, argentées.		800
	— — ornements d'ivoire		1,200

et 40 0/0.

CHAPELETS.

1529	Grains bois, coco, verre, etc., ordin.^{re}	liv.	240
491	— — — autres.		400

CHAUSSE-PIEDS.

128	Os, corne, etc.	livre.	600
	Ivoire, tortue.		3,000

CHEVEUX.

*15	Bruts.	livre.	2,500
21	Perruques.		7,500
	Bagues, cordons, etc.	once.	1,200
	Avec garnitures		600

CHEVILLES DE NAVIRE.

511	Malaquite	une.	150

CHIENS DE FUSIL.

1222 Livre 240

CIRAGE.

237 Liquide 40
    En masse 80

CIMENT ROMAIN.

*939 Arrobe 50

CIRE.

  91 Impure, native, brute . . . . livre. 100
      Préparée. 160
      Purifiée 200
      Bougie. 300
 215 Végétale 120
1513 A cacheter, ordinaire. 360
 241   —   carmin. 3,000
          —   jaune. 1,400
          —   rouge 2,400
          —   verte. 1,200

CISEAUX.

1236 A couture, ongles, etc., fer fondu, jusqu'à
                       6 pouces. douz. 480
      —   —   de 6 à 8 800
      —   —   de plus de 8 . . . 1,200
      —   —   acier, jusqu'à 6 p. 1,200
      —   —   — de 6 à 8 . . 2,400
      —   —   — de plus de 8. 4,800
    Pour jardin, grands, manche bois 6,000
      —   petits   —   — 3,000
    A ressort, pour tondre. 1,500
    Pour couper des plaques 3,000

CLÉS.

1109 Fer, pour portes. . . . . arrobe. 120
      — autres sortes 240
1026 Cuivre. . . . . livre. 700
1137   —   de montre 900
      —   de pendule. 300

CLOCHES, CLOCHETTES.

*1023 Communes, pour portes, etc . . . . livre.	200
— polies	300
De table, unies, simples	500
— ouvragées, dorées	900
Pour église, simples	300
— galvanisées	600
*1060 Cuivre	180

CLOUS.

1144 Simples, jusqu'à 2 pouces de long . . livre.	40
— de plus de 2	20
Avec tête	90
1033 Cuivre, à crochet	250
1057 Ordinaires	150
1114 Pour ferrage d'animaux . . . . arrobe.	1,800
1110 A crochet . . . . livre.	120

COFFRES-FORTS.

1102 Fer fondu, jusqu'à 20 pouces de haut. . un.	4,800
— de 20 à 30	12,000
— de 30 à 40	24,000
— de plus de 40	36,000
Fer battu, jusqu'à 20	18,000
— de 20 à 30	30,000
— de 30 à 35	36,000
— de 35 à 40	48,000
— de 40 à 45	54,000
— de 45 à 50	60,000
— de 50 à 55	75,000
— de 55 à 60	90,000
— de plus de 60	120,000

COLLIERS.

1150 Plaqués . . . . livre.	1,200
1111 Fer, acier . . . . arrobe.	300

COMMODES.

489 Bois ordin.re, jusqu'à 3 tiroirs . . . . . une.	4,000
— de plus de 3	6,000
— avec secrétaire	10,000

Bois fin, jusqu'à 3 tiroirs . . . . une. 8,000
—   de plus de 3 12,000
—   avec secrétaire 20,000

COMPAS.

1435 Fer ou acier. . . . . livre.   110
Laiton.   200

CONSOLES OU BUFFETS.

490 Bois ordin^{re}, jusqu'à 24 pouces. . . . . une. 3,000
—   de 24 à 40 5,000
—   de 40 à 52 7,000
—   de plus de 52 10,000
Bois fin, jusqu'à 24 6,000
—   de 24 à 40. 10,000
—   de 40 à 52. 12,000
—   de plus de 52 20,000

CORAIL.

*113 Fin, brut . . . . livre.   20
                          et 5 0/0.
*131 Fin, en collier. . . . . livre.   500
235 Préparé pour médecine, parfumerie   600

CORDAGES DE VOILURES.

26, 573 En pièce, goudronnés . . . . . . arrobe. 1,200
         En œuvre 1,800
812   En fil simple. 1,500

CORNES.

*117 Cheval marin . . . . arrobe.   900
Bœuf.   90
Buffle   400
Cerf.   400
                        et 10 0/0.

COUPOLES.

404 Bois ordinaire . . . . une. 1,200
— fin 4,000
                        et 40 0/0.

COURROIES POUR BAUDRIERS.

64 Cuir blanc ou noir . . . . livre.   800

	Cuir verni . . . . livre.	1,200
54	Petites, cuir verni . . . . paire.	750
—	autre qualité	600

COUTEAUX.

1232	Manche os, bois, corne, etc., grands, avec cercle de métal. douz.	600
— — —	autres qualités . .	300
— — —	petits à dessert. .	300
— — —	autres qualités. .	240
— — —	à dépecer . . un.	240
— — —	autres qualités . .	150
	Manche ivoire, nacre, tortue, grands. . douz.	1,500
— —	autres qualités .	1,200
— —	petits à dessert .	1,200
— —	autres qualités .	900
— —	à dépecer. . un.	450
— —	autres qualités .	300
	Sans manche, pour table. . . . . . . douz.	300
—	pour dessert.	200
—	pour dépecer	450
—	autres qualités.	450
	Pour cordonnier, cuisine, etc. . . . . livre.	150
	Manche os, bois, etc., pour voyage, boucher.	250
—	ivoire, nacre, etc.	600
1038	Couteaux-cuillères, cuivre, à couvert. . . .	80
134	— os, corne, à papier	600
—	ivoire, nacre, tortue.	3,600
1235	Coutelas.	50

COUVERTS

488	A Salade, buis, bois ordinaire . . . . livre.	1,200
—	— — fin, ébène..	3,000
1110	— fer.	120
120	— os, corne . . . . livre.	600
—	ivoire, tortue	3,600

CRACHOIRS.

| 1034 | Cuivre. . . . . livre. | 250 |

CRAMPONS.

| 1134 | Fer . . . . livre. | 60 |

CRAVACHES.

80 Cuir verni . . . . douz. 3,000
   Autres qualités. 2,400

CRAYONS.

242 Gros. . . . . douz. 360
   A mine noire. 600
   Autres couleurs 1,200

CREUSETS.

*1426 Terre et plombagine. . . . . livre. 25
   Faïence ou porcelaine 100
             et 10 0/0.

CRIN.

**16 Brut. . . . . arrobe. 1,500
             et 10 0/0.

CRISTAL DE ROCHE.

088 Brut. . . . . livre. 600
   Travaillé. 1,200

CROUPIÈRES.

67 Cuir naturel ou teint. . . . . . . douz. de p. 900
   — verni. 1,800

CRUCHES.

071 Cruches, terre ordinaire . . . . livre. 30
   —   — fine. 60

CUIRS PRÉPARÉS.

39 Hermine, castor, loutre . . . . livre. 600
   Veau blanc. 150
   — teint 200
   Sanglier. 300
   Chamois. 200
   Mouton, couleur naturelle 150
   — autre. 200
   Cerf, blanc 150
   — teint. 200
   Maroquin 200

Peau fine en pièce. . . . . une.   200
— petits morceaux   50
Parchemin brut   150
— en feuilles   250
Semelles et tannées.   150
— en morceaux   50
Vache.   90
Autres qualités.   200
40 Vernis, grands, pour voiture.   700
— autres qualités.   500

et 20 0/0.

CURE-DENTS.

139 Os, corne . . . . livre.   420
Ivoire, nacre, tortue. 3,000
517 Bois.   120

DÉS A COUDRE.

1031 Cuivre. . . . . livre.   250
1116 Acier   150

DENTS ARTIFICIELLES.

1504 Livre. 6,000

DUVETS ET PLUMES.

*18 Arrobe. 2,400

et 10 0/0.

ÉCRITOIRES, SABLIERS.

956 Livre 1,200

ÉMAIL.

*989 Fin 1,200
Ordinaire   600

ENCLUMES.

1420 Petites, pour orfèvres.   120
— pour forgerons.   30

ENCRE.

*262 Pour écrire, liquide, noire . . . . . . livre.   30
— — autres couleurs   60

Pour écrire, en poudre, noire . . . . . livre.	120
— — autres couleurs. . .	180
Pour marquer	800
A impression, noire	50
— autres couleurs	150
A dessin, en caisse, fine.	900
— — autres qualités	360
— — en fioles .. . . once.	500
— — en poudre . . . . . livre.	500
— — à l'eau	25
— — à l'huile ordinaire. . . .	50
— — — fine.	500

et 10 0/0.

ENCRIERS.

148 Os, corne . . . . livre.	420
Ivoire, nacre, tortue	3,600

ENVELOPPES.

923 A lettres. . . . . livre.	240

ÉTUIS.

110 Os, corne	420
Ivoire, nacre, tortue.	3,600
911 Carton.	600
904, 983 Faïence, porcelaine, verre.	600
459 Bois.	400
138 A cure-dents, os, corne	420
— ivoire, nacre, tortue	3,600

ÉPÉES.

1211 Pour officiers supérieurs . . . . une.	6,000
— de marine, dorée.	3,000
— — polie	1,500
Avec poignée et fourreau métal	1,800
— avec emblèmes.	2,400
— autres.	1,500
— fourreau fer	900
— pour soldats	600
1212 Petites, pour la marine.	1,200
1213 Fer, acier (espadon)	2,400
— pour cavalerie.	1,200
En bois	600

ÉPINGLES.

1081	Fer . . . . livre.	180
	Cuivre.	250

ÉPERONS.

1121	Limés, étamés, grands . . . . . douz. de p.	2,400
	— — autres qualités	1,200
	— polis, grands	3,600
	— — autres.	2,400
	— galvanisés, grands.	4,800
	— — autres.	3,600
1037	Cuivre, polis, grands.	6,000
	— — autres.	2,400
	— dorés ou galvanisés, grands.	12,000
	— — autres	7,200
1160	Plaqués	3,600

ÉPONGES.

114	Ordinaires. . . . . livre.	400
	Fines, de toilette.	3,600

ESSIEUX.

1118	Pour voitures . . . . livre.	200

ÉTAGÈRES.

460	Bois ordre, jusq. 40 pouces, sans portes. une.	4,000
	— — avec portes . . .	5,000
	— de 40 à 60 pouces, sans portes. .	6,000
	— — avec portes. .	8,000
	— de plus de 60, sans portes	12,000
	— — avec portes	16,000
	Bois fin, jusqu'à 40, sans portes	8,000
	— — avec portes	10,000
	— de 40 à 60, sans portes	12,000
	— — avec portes	16,000
	— de plus de 60, sans portes	24,000
	— — avec portes	32,000

et 40 0/0.

ÉTAIN.

*1072	Barre, grisaille, feuille. . . . . . . arrobe.	800
	Lame mince. . . . . livre.	00

et 20 0/0.

Tuyaux pour alambic. . . . . livre.   30
Lame ouverte au burin.   200
Poids pour balance.   60
OEuvre simple.   100
Galvanisé, argent.   400
Doré.   600

ÉTRIERS.

1038 Cuivre, limés, étamés. . . . . . . douz. de p. 2,400
Polis, avec ressorts. 12,000
— sans ressorts 5,000
Galvanisés, dorés 12,000
A marche-pied. 9,000
Dorés, galvanisés 14,000
Pour selle de femme. . . . . douz. 1,800
1101 Plaqués, unis, simples . . . . . douz. de p. 3,600
Ouvragés. 6,000
Avec ressorts 12,000
A marche-pied 14,000
Pour selle de femme . . . . douz. 3,000
1122 Fer, limés, étamés. . . . . . . douz. de p. 1,200
Polis, avec ressorts. 6,000
— sans ressorts. 6,000
Pour selle de femme . . . . douz. 1,200

ÉTRILLES.

1082 Livre 60

ÉTRIVIÈRES.

71 Douzaine de paire 3,600

FERRURES.

1125 Pour cheval . . . . arrobe. 900

FERS.

1115 Pour lisser. 20

FEUILLES DE FLANDRE.

1130 Lames. . . . . livre. 900
OEuvres simples. 160
Peintes, vernies 240
Garnitures métal. 300

FIL D'ARCHAL.

1042	Métal blanc	150
	— jaune	100
	Couvert de soie, coton, papier	400
	Doré, galvanisé	250
	Cordage.	60
	Toile métallique, en pièces.	300
	— en œuvre, en crochet ou ra-tière	600
	Autres sortes.	800
1126	De fer ou d'acier, qualité ordinaire.	20
	Recouvert	200
	Galvanisé	180
	En crochet.	300
	Cordages	25
	Cages	400
	Pour retenir le verre.	120
	En toile métallique, en pièces	200

FLACONS (VASES A FLEURS).

078, 069	Faïence, nº 1	120
	— nº 2	150
	— nº 3	180
	— nº 4	240
	Porcelaine, nº 1	360
	— nº 2	480
	— nº 3	600
	Verre, nº 1.	240
	— nº 2.	300
	— nº 3.	450
	— nº 4.	600

FONTES DE PISTOLET.

61	Sans couverture. . . . . paire.	1,200
	Avec couverture.	2,550
	Autre qualité de cuir.	2,400
	De drap, velours, etc.	6,000
	D'or, argent.	10,000

FORMES.

500	Pour bottes . . . . paire.	1,200
	— perruques, chapeaux . . . . . . une.	1,200
	— souliers . . . . paire.	300

*968 En terre, pour raffinage de sucre. . . livre. 50
et 10 0/0.
1210 A balles, pour armes. . . . . livre. 180

FOUETS.

1500 Pour voiture, autre qualité, av. corde. douz. 5,400
— sans cordes, ou sans manche. 2,400
42 Sans manche. 1,800
56 De cuir 1,200

FOURREAUX.

1204 Cuir, avec garnitures métal, fer, acier. douz. 2,40
— sans garnitures. 1,800
1128 Métal blanc ou jaune. 3,600

FREINS.

1044 Cuivre, étamés. . . . . un. 360
— polis. 750
— dorés, galvanisés. 1,500
1132 Fer, acier, limés. 200
— polis. 600
1163 — plaqués. 900
1045 Frisés, en cuivre. . . . . livre. 250
Plaqués 500

FUSEAUX.

**176 A Dentelle. . . . . livre. 60
et 10 0/0.

FUSILS.

1214 De munition, pour troupes. . . . . . . un. 1,800
De chasse, ordinaire, simple 900
— — double 2,000

GALETTES.

*22 Pour chapeaux. . . . . livre. 2,000

GAMELLES.

502 En bois . . . . arrobe. 1,200

GIBECIÈRES.

48, 81 Simples. . . . . une. 600
Avec plombières 900

GLOBES.

994	Unis, émaillés. . . . . livre.	150
	Taillés, ouvragés.	300

GOBELETS.

63	Pour jeux . . . . livre.	600
132, 130	— os, corne	420
	— ivoire, tortue	3,600
966	— porcelaine.	300

GOURMETTES.

1092	En fer. . . . . livre.	240
1013	En cuivre.	250
1156	Plaquées.	500

GONDS.

1117	Pour portes et fenêtres. . . . . livre.	40

GRAINS.

1029	Cuivre doré	1,200
986	Peints, ordinaires, verroterie.	240
	Émaillés, dorés	900
	En perles	150
	Autre verroterie.	300

GRATTOIRS.

1234	Manche os, bois, etc . . . . douz.	600
	Ivoire, nacre, tortue.	2,400

GRAVURES.

*916	Atlas, dessins, reliés. . . . . livre.	150
	— — brochés	100

et 10 0/0.

GRELOTS.

1024	Cuivre. . . . . livre.	250

HACHES.

*1458	Ordinaire. . . . . livre.	30

et 10 0/0.

HAMEÇONS.

1085 Livre 360

HARNAIS.

44 Pour voiture, unis. . . . . un. 4,800
— — avec garnitures. 6,000
— charrette, unis. 18,000
— — garnitures ordinaires 24,000
— — galvanisés. 30,000
— colliers communs, simples 900
— — garnitures ordinaires 1,200
— — galvanisés 1,800
62 — — cuir blanc ou teint, unis. liv. . 480
— — — garnitures ordin^{res} . 600
— — cuir vernis, unis 600
— — — garnitures ord^{res} . 720

HUILIERS

501 Bois ordinaire, peints . . . . livre. 400
Bois fin 1,200
108 Ivoire . . . . arrobe. 1,500
et 10 0/0.

JARDINIÈRES.

487 Bois, unies. . . . . une. 3,200
— travaillées, dorées 6,000
Osier 900

JARRES.

977 Faïence, porcelaine, 24 pouces de haut. une. 600
— — de 24 à 30. 900
— — de 30 à 36. 1,200
— — de plus de 36. 1,800
Verre . . . . livre. 600

JETONS A JOUER.

147 Os, corne, etc. . . . . livre. 420
Ivoire, nacre, tortue. 3,600

JEUX DIVERS (DAMES, DOMINOS, ETC.).

1612 Bois ordinaire, vernis, etc . . . . livre. 120
Bois fin, plaqués. 300

JOUETS D'ENFANTS.

1494 Bois, papier, etc., ordin^{res}, allemands. livre.   120
      —   autres qualités, français .   300

LAVABOS.

508 Bois ordinaire, ronds . . . . un.   2,000
     —   de table, jusqu'à 30 pouces .   3,000
     —   — de plus de 30 . . .   5,000
     —   avec commode ou armoire .   6,000
Bois fin, ronds.   3,000
     —   avec commode 10,000

LAMES.

135 Feuilles corne, pour lanternes, etc . . livre.   240
     —   ivoire, pour dessin.   3,600
1220 Pour épée. . . . . une.   800
   — fleuret, de luxe.   600
   — sabre et autres, ordinaires   360

LAMINOIRS.

1453 Pour orfévre. . . . . un. 30,000

LANCES.

1221 Avec manche . . . . une.   1,200
Sans manche.   600

LANTERNES POUR VOITURES.

1515 Garnitures fer, métal galvanisé . . . . livre.   450
     —   —   ordinaire.   360
     —   — feuille de Flandre.   240

LEVIERS.

498 Pour cabestan. . . . . douz.   1,200

LIMES.

1473 Ordinaires, grosses . . . . livre.   120
1455 Fines   500

LITS.

486 Bois ordinaire, pour une personne . . . un.   6,000
     —   pour plusieurs 10,000

Bois ordinaire, pour enfants . . . . un. 4,000
Bois fin, pour une personne 12,000
—   pour plusieurs 20,000
—   pour enfants . : 8,000

et 40 0/0.

1107 Fer, unis, simples, pour une personne . . . 2,400
—   —   pour plusieurs 4,800
—   —   pour enfants 1,800
— ouvragés, pour une personne 4,800
—   —   pour plusieurs 9,600
—   —   pour enfants 3,000
1022 Cuivre, unis, simples, pour une personne . . 3,000
—   —   pour plusieurs 6,000
—   —   pour enfants 2,000
— ouvragés, pour une personne . . . 6,000
—   —   pour plusieurs 12,000
—   —   pour enfants 4,000

LONGUES-VUES.

*1208 Laiton, jusqu'à 5 pouces de long . . . une. 300
— de 5 à 10 500
— de 10 à 20. 800
— de 20 à 30. 1,200
— de 30 à 40. 2,000
— de 40 à 50. 4,000
— au-dessus de 50. 6,000
Avec pied, jusqu'à 30 pouces. 4,000
— au-dessus de 30. 10,000

et 10 0/0.

LOQUETS.

1058 Cuivre. . . . . livre. 250
975 Faïence, porcelaine 300
996 Verre, cristal. 260
1145 Pour portes 120

LORGNETTES.

*1208 Simples . . . . une. 1,500
Buffle 3,000
Ivoire, dorées 5,000
Nacre, dorées 6,000

LUNETTES.

*1208 Ordinaires. . . . . douz. 1,200

Aciers, tortue . . . . douz.	2,400
— dorées.	3,600
Argent, dorées.	4,800
Acier et autres.	6,000
Or.	12,000

LUSTRES, CANDÉLABRES.

992 Verre uni . . . . livre. 300
    Pierre teintée ou cristallisée 600

MALLES, VALISES.

73 Petites, de cuir verni . . . . une. 1,500
   —   autres qualités 800
   Grandes, de cuir verni. 2,600
   —   autres qualités 1,500
   Forme bahut de carton, couvert jusqu'à 1 m. 600
   —   —   — de 1 à 2 m. 900
   —   —   — de plus de 2. 1,200
   —   de cuir,   — jusqu'à 1 m. 1,200
   —   —   — de 1 à 2 m. 3,000
   —   —   — de plus de 2. 6,000

MANCHES.

126 Os, corne, pour parapluie, etc. . . . . livre. 420
   Ivoire 2,400
   Nacre, tortue 3,600

MARBRE.

046 Brut. . . . . livre. 100

MARMITES.

1138 Fonte, simple . . . . livre. 20
   —   étamée. 50
   —   émaillée, doublée porcelaine. 80
   Fer battu, simple. 40
   —   étamée 90
   —   émaillée, etc. 120

MARQUISES.

512 Bois, ordinaires. . . . . une. 5,000
   —   fines 8,000
et 40 0/0.

MARTEAUX.

1461	Pour cordonniers, charpentiers, etc.	livre.	120
	Pour horlogers, orfèvres, vitriers.		200
	Autres qualités.		240
1080	De porte.		120

MARTINGALE.

66	Cuir blanc ou teint.	une.	600
	Vernie.		720
1097	Mors, ordinaire	un.	150

MASQUES, LOULOUS.

1519	Soie et satin.	livre.	5,000
	Carton, papier, etc..		1,200

MASSES (EXTRAITS POUR TEINTURE).

243	Matière colorante rouge	livre.	14,400
	Garance et pastel.		1,200
	Tournesol		400

MESURES.

513	De toutes sortes.	arrobe.	2,400

MÉTIERS A BRODER.

470	Bois ordinaire	pouce.	40
	— fin		80

MIROIRS.

1508	Métal doré, bois peint, vernis	livre.	300
	De carton, papier peint.		150

MONTRES.

*1242	Argent, ordinaires	une.	1,000
	— demi-chronomètres		2,500
	— dorées, ordinaires.		1,500
	— — demi-chronomètres		3,000
	Or, ordinaires.		2,500
	— demi-chronomètres		5,000

MORTIERS.

*1416	Bronze	livre.	120

Fer . . . . livre. 60
Porcelaine, verre 150

et 10 0/0.

MOUCHETTES.

1236 Peintes ou vernies. . . . . douz. 480
Polies, d'acier, etc. 1,200
Grandes, de toutes qualités. 3,600

MOULURES, GARNITURES, ETC.

516 Simples vernies, jusqu'à 1 pouce larg. palme. 15
—   —   de 1 à 2. 30
—   —   de 2 à 3. 45
—   —   de 3 à 4. 75
—   —   de 4 à 5. 120
—   —   de 5 à 6. 180
—   —   au-dessus, chaque pouce. . 100
Dorées, jusqu'à 1 pouce 30
—   de 1 à 2. 60
—   de 2 à 3. 90
—   de 3 à 4. 150
—   de 4 à 5. 240
—   de 5 à 6. 360
—   au-dessus, chaque pouce. 200
1051 Cuivre, simples . . . . livre. 300
—   dorées. 800

MOUSQUETONS.

1203 Canon de fer . . . . un. 3,000
—   de bronze 5,000

NACRE.

*100 Brute. . . . . livre. 50
Préparée. 100

NÉCESSAIRES DE BARBE.

1401 Bois ordinaire . . . . livre 400
—   fin 1,200
Métal blanc ou jaune. 180
En carton 300

OR.

*1000 En feuilles, pour dorer. . . . . once. 50

En œuvre, simple. . . . . octave   250
En plumes à écrire, pointe diamant.   400

OUVRAGES EN FER.

*1151 Fondu, simple. . . . . livre.   30
—   étamé   60
—   émaillé.   90
—   galvanisé or, argent.   120
Battu, simple   60
—   étamé   90
—   émaillé   120
—   galvanisé or, argent   150
Plaqué, simple uni.   500
—   —   plaqué   750
—   —   argent.   1,000
—   rempli, uni.   300
—   —   plaqué.   500
—   —   argent   700
En argent anglais, simples   500
—   galvanisés argent   800
—   —   or.   1,200

OEILLETS.

1046 En cuivre . . . . livre.   250

PAILLASSONS.

578 D'Angola, gros . . . . arrobe.   300
—   autres qualités.   600
D'Inde, pour lit. . . . . livre.   350
—   pour salon . . . . varre.   240

PAINS A CACHETER.

1523 Colle ou gomme. . . . . livre.   900
Farine de froment, etc.   160
Papier ou avec enveloppe gommée   1,200

PALETTES POUR PEINTRES.

973 Ordinaires. . . . . une.   120

PANACHES.

31, 766 De plumes, courts. . . . . once.   300
—   longs   500
De poils. . . . . livre.   900

PANIERS, CORBEILLES.

568	Paille ordinaire . . . . livre.		50
	— fine		120
	— grossière.		10
545	Osier ordinaire.		200
	— fin.		800
546	Jonc, rotin		120

PANNEAUX.

83	Pour selles. . . . . un.	960

PAPIER.

1525	Satiné ordinaire, écolier, en couleur. livre.	90
	— à vignette.	800
923	Chiffons. . . . . arrobe.	100
	A lettre'. . . . . livre.	60
	Pour copie de lettres, de soie.	120
	Gris, d'emballage.	30
	Ciré ou enveloppes de chapeaux	150
	Doré, argenté	180
	A impression.	20
	A filtrer	50
	Végétal.	900
	Peints, à tapisser.	400
	— avec dorures, etc.	600

PARAPLUIES.

1499	Couverture ordinaire indienne. . . . . . un.		300
881	— tissu soie, pour homme.		1,800
	— — pour femme		1,200
806, 640	— tissu fil, coton, pour homme . .		480
	— — — pour femme . .		240
742	— tissu laine, pour homme		900
	— — pour femme.		600

PARAVENTS.

177	Bois, doublé de drap ou papier . . . . un.	10,000
	De Chine, jusqu'à 6 panneaux.	20,000
	— de plus de 6.	50,000

et 40 0/0.

PEAUX.

38	Vertes. . . . . livre.	20

Sèches ou salées. . . . . livre.   30

et 20 0/0.

PEIGNES.

140, 519 Os, tortue, ordinaires . . . . livre.   300
—   autres qualités   600
Ivoire   2,000
Tortue, unis.   6,000
—   pour natte.   12,000

PERLES FINES.

*116, 141 Brutes. . . . . once.   20
En colliers.   600

PIÉDESTAUX.

518 Simples, peints, vernis . . . . , un.   600
—   dorés   1,200

PIERRES.

949 A fusil, brutes . . . . arrobe.   240
—   taillées.   1,200
*950 Granit, pavé . . . . palme.   10
—   frises.   100
—   corniche, pilastre.   1,200
—   colonne   50
—   obélisque, pour construction   150
—   avec moulures   300
—   pour moulin . . . . une.   250
—   à aiguiser. . . . . arrobe.   200
—   à filtrer.   300
—   à repasser . . . . livre.   150
—   à lithographie, jusq. 12 pouces. une.   400
—   —   de 12 à 18.   800
—   —   de 18 à 24.   1,800
—   —   de 24 à 32.   2,400
—   —   de 32 à 40.   3,600
—   —   au-dessus de 40 . . .   5,000
De porcelaine, pour écrire. . . . . . . douz.   2,400
Aimant naturel. . . . . livre.   4,000
950 Sanguine, africaines   240
Albâtre, marbre, porphire, jaspe. palme cube   10
—   —   en feuilles de 100 p. cubes.   40
Polies, préparées, 28 p. diamèt., unies. une.   1,400
—   —   avec moulures .   1,800

Polies, préparées, de 28 à 32, unies . . une. 2,500
— — ouvragées . . 3,000
— de 32 à 36, unies 3,600
— — ouvragées . . 4,200
— de 36 à 40, unies 4,800
— — ouvragées . . 5,400
— de 40 à 44, unies 6,000
— — ouvragées . . 7,200
— de plus de 44, unies . . . 7,200
— — ouvragées . 9,000
Carrées, jusqu'à 12 pouces, unies. 400
— — ouvragées . . . 600
— de 12 à 24, unies 900
— — ouvragées. 1,200
— de 24 à 36, unies 1,500
— — ouvragées. 1,800
— de 36 à 48, unies 2,400
— — ouvragées. 3,000
— de 48 à 64, unies 3,600
— — ouvragées. 4,800
— de plus de 64, unies. 5,400
— — ouvragées 7,200
Pour lavabo, les 100 pouces 120

PINCEAUX.

53 Petits, fins, pour dessins. . . . . . . livre. 4,800
Noirs, fins, pour dorer. 1,500
Grands, pour peindre, blanchir. 300
Manches d'os, etc., pour la barbe. 420
— de nacre — 3,600

PIPES.

964 Faïence . . . . livre. 200
Porcelaine. 600
935 Terre ordinaire 60
— fine 200

PLATEAUX.

1143 Feuille de Flandre . . . . livre. 100
467 Peints ou vernis 300
Plaqués, unis 600
— avec ornements. 1,200
1488 Fins, unis, simples. 1,200
— dorés, argentés. 1,500

Fins, ornés de nacre. . . . . livre.	2,400
1091 Fer, peints	250
— avec ornements de nacre	360
1112 Pour balance, fer, acier	120
— cuivre.	240

PISTOLETS.

1224 Pour cavalerie, simples. . . . . paire.	3,000
— doubles	5,000

PLATINES D'ARMES.

1216 Pour pièces d'artillerie. . . . . une.	1,500
Pour fusil, pistolet.	360

PLOMB.

*1070 En lame, en barre . . . . arrobe.	750
— mince . . . . livre.	90
En tuyaux pour aquéduc.	30
En poids pour balance	50
En œuvre, simples	180
— argentés	240
— dorés.	360
1208 De munition. . . . . quintal.	4,500

PLOMBIÈRES.

57 Simples, brevetées. . . . . douz.	3,600
— autres qualités	2,100
Doublées brevetées.	5,400
— autres qualités	3,600

PLUMEAUX.

29 De plumes de paon. . . . . douz.	7,200
— autres.	3,600
De crin	1,800
577 De paille, etc.	1,200

PLUMES.

32 Pour fleurs et ornements, en rames, . once.	50
Petites ou ajoutées.	600
Grandes, de marabout, etc.	5,000

Pour écrire, simples. . . . . livre. 500
— dorées, etc 2,400

POIDS.

1055 En cuivre, pour balance . . . . livre. 180
1142 En fer. . . . . arrobe. 600

POIGNÉES.

1227 Pour épée . . . . une. 360
— sabre. 180
— autres 360
145 Pour portes, os, corne. . . . . livre. 420
— ivoire, nacre, tortue 3,600

POILS.

*17 De lièvre, etc . . . . livre. 120
et 0 10/0.

POMPES.

1422 Ordinaires, fer fondu. . . . . arrobe. 1,800

PORTE-BOUQUETS.

1526 Un. 600

PORTE-CIGARES.

570 Paille du Pérou ou du Chili. . . . . . . un. 600
— autres qualités. 150

PORTEFEÜILLES, PORTE-MONNAIES.

1498 Cuir, carton ordinaire 1/2 fin. . . . . livre. 900
— — fin. 2,400
Côté os, corne, etc. 1,800
— métal doré, argenté. 3,600
— d'ivoire, nacre, tortue, etc 4,800

PORTE-MANTEAUX.

506 Bois ordinaire. . . . . un. 10,000
— fin 20,000

PORTE-VOIX.

1423 Jusqu'à 6 pouces. . . . . un. 600
De plus de 6. 1,200

POTS, POTERIES.

974 Pour pharmacie, faïence, n°s 1 à 4. . livre .   60
   —   porcelaine, n^e 1.   100
   —   —   n°s 2 et 3   240
   Pour graisse, encre, etc . . . . arrobe.   600
970 Terre ordinaire   240

POUDRES ET PRÉPARATIONS.

1527 Insecticides . . . . livre.   300
*253 Pour souliers . . . . arrobe.   500
   Ivoire brûlé . . . . livre.   300
   Pour teindre et conserver les chevelures, les
      dents, etc . . . . livre.   600
   Pour l'impression en couleur.   320
      —   en dorure   960
      —   en argenture   480
1225 De munition.   200

POUDRIÈRES.

143 Corne, ordinaires . . . . douz.   1,200
   —   polies, recouvertes.   3,600
   —   fines, brevetées.   4,800
1056 Cuivre, ordinaires.   3,000
   —   fines.   6,000

POULIES.

515 Bois ordinaire. . . . . arrobe.   1,800

POUPÉES.

1492 Ordinaires, bois, carton, jusq. 8 p. . . douz.   200
   —   —   de 8 à 16   600
   —   —   de 16 à 24   1,200
   Tout carton, porcelaine, jusqu'à 8 pouces. .   600
   —   —   de 8 à 16   1,600
   —   —   de 16 à 24   4,800
   Autres qualités, cire, jusqu'à 8 pouces . . .   1,600
      —   —   de 8 à 16.   3,200
      —   —   de 16 à 24   9,000

PRIE-DIEU.

504 Bois ordinaire. . . . . un.   2,500
   — fin   5,000

PRESSES.

1470 Pour dorer, satiner . . . . une, 30,000
   — apprêter 15,000

PUPITRES.

499 Vernis, bois ordinaire . . . . un. 1,600
   —   —   fin 2,400
   —   —   doré 4,000
481 Bois ordinaire, pour nappe. 600
   —   —   pour vêtements. 600
   —   —   de salle. 2,000
   — fin, pour nappe, vêtements 1,200
   — — de salle. 4,000
et 40 0/0.

PSYCHÉS.

532 Bois ordinaire. . . . . une. 8,000
   — fin 16,000
et 40 0/0.

QUEUES DE BILLARD.

529 Unies . . . . une. 180
   Avec bagues. 240
et 40 0/0.

RABOTS ET AUTRES INSTRUMENTS.

1430 Avec ou sans fers . . . . livre. 120

RAMES.

**525 Grossières. . . . . palme. 10
   Polies 20
et 10 0/0.

RASOIRS.

1233 Manche os, bois, corne. . . . . . . douzaine. 900
   — ivoire, nacre, tortue. 3,600

REGISTRES IMPRIMÉS.

*918 Brochés, pour négociants. . . . . . . livre. 300
   Feuilles séparées. 100
   Reliés, couverture nacre, ivoire, etc.. . . . 1,200
   —   —   papier mâché, soie. . . . 800
   —   —   maroquin, unis. 105

917 Papier rayé, blanc. . . . . livre. 400
    Autres qualités. 300

RÈGLES.

524 En bois . . . . livre. 600

RESSORTS.

1137 Pour portes . . . . livre. 120

RÉVEILS-MATIN.

1238 Petits . . . . un. 1,200

ROBINETS.

1062 En cuivre . . . . livre. 180
530 En bois 100

ROTISSOIRS.

*1148 Pour café . . . . livre. 80
    Pour farine 20
                         et 10 0/0.

ROUES A AUBES.

1059 En cuivre . . . . livre. 240
1146 En fer. 120

SANGLES (VENTRIÈRES).

58 Petites. . . . . paire. 360
   Grandes. . . . . une. 240
59 Grosses, unies. 4,800
   — avec garnitures. 6,000
   — plaquées, galvanisées 7,200

SAVONNETTES.

256 En pain, en masse, etc. . . . . livre. 240

SCEAUX.

465 Livre 100

SCHAKOS.

46 Unis. . . . . un. 900
   Avec garnitures 1,800

SCIES.

1475	A bras. . . . . livre.	120
	A ressort.	200

SECRÉTAIRES.

496	Portatifs, avec ustensiles pour barbe . . un.	8,000
	— simples. . . . . —	5,000
	Pour cabinet, doublé drap, bois ordinaire. .	6,000
	— — — fin.	12,000
527	Bureau, bois ordinaire, petit, pour dame. un.	8,000
	— — grand.	16,000
	— bois fin, petit, pour dame	12,000
	— — grand.	30,000

SELLES.

82	Pour homme, unies, imprimées . . . une.	2,400
	— brodées.	4,800
	— — doublées.	9,000
	Pour femme, unies, siége maroquin, etc.. .	4,800
	— brodées en partie.	6,000
	— — sur velours, soie . . .	12,000
	— — sur laine, coton. . . .	9,000
	Pour garçon, unies.	1,800
	— brodées	3,000
	Pour jeune fille, unies.	3,000
	— brodées.	4,800
	Pour la troupe.	3,000

SERRURES.

1123	A un seul tour. . . . . livre.	90
	De deux tours	300
	A pompe.	500
1040	A secret.	600

SERVICES.

960	Faïence, nº 1 . . . . livre.	20
	— nº 2	40
	— nº 3	60
	— nº 4	80
	Porcelaine, nº 1	100
	— nº 2	160
	— nº 3	280

SOFAS.

528	Bois ordinaire, petits, chaise longue . . un.	6,000
—	— grands, divans	10,000
—	fin, petits, chaise longue.	8,000
—	— grands sofas, divans, ...	16,000
	Dorés, ...	24,000
	Légers, paille d'Italie.	4,000
	— dorés	8,000
	Faits de branches d'arbres pour jardin . . .	1,200
551	— bambou.	6,000
	— osier	3,000
1147	Unis simples.	1,500
	— ouvragés	3,000

SOIES DE SANGLIER.

23 Pour cordonnier. . . . . livre.   300

SOUFFLETS.

1145	Petits, à main, jusqu'à 6 pouces . . . . . un.	150
—	— de 6 à 12.	300
—	— de 12 à 16.	750
—	- - de 16 à 20.	1,800
—	— de plus de 20, par pouce . .	200
	Grands, de fourneau, jusqu'à 20 pouces. . .	6,000
—	— de 20 à 30.	9,000
—	— de 30 à 40.	12,000
—	— plus de 40, par pouce.	500

TABATIÈRES.

123	Os. . . . . livre.	420
	Corne.	600
	Ivoire.	3,600
	Tortue.	6,000
478	Bois.	300
913	Carton.	600

TABLES.

514	Bois ordinaire, pour salon . . . . . . une.	10,000
—	— guéridon.	3,000
—	— de nuit ronde.	2,000
—	— — à colonne. . . pied.	800

	Bois ordinaire, à manger, jusq. 18 personnes	6,000
	— — — de 18 à 24. . . .	9,000
	— — — de plus de 24. . .	12,000
	— fin, pour salon	20,000
	— — guéridon	6,000
	— — de nuit ronde.	4,000
	— — — à colonne.	1,600
	— — à manger, jusqu'à 18 personnes. . .	12,000
	— — — de 18 à 24.	18,000
	— — — de plus de 24	24,000
	Avec branches d'arbres.	1,200
550	Osier	3,000
1136	Bois simple	1,200
	— ouvragé.	2,400

TAMIS.

*1465	Crin, soie	un.	100
	Fil de fer.	livre.	30
	De toile métallique.		50
*1466	Grands	un.	400

et 10 0/0.

TERRES.

954	Kaolin (à porcelaine).	livre.	10
	Autres.		120

et 10 0/0.

261	De Sienne naturelle.	livre.	180
	— calcinée.		300

TÊTES ET POMMES.

482	Pour cannes, parapluies	livre.	180
	— couteaux, fourchettes, instruments . .		180
	— plumes à écrire.		300
	— cachets.		240

TÉTIÈRES.

50	Cuir blanc ou verni, simples	une.	750
	— — avec ornements, métal ordin^re . .		900
	— — — galvanisé. . . .		1,200
	— pour licou		360
	— cru.		480
564	Textiles, simples.		600
	— avec ornements, métal ordinaire . .		750
	— pour licou		300

TIGES DE BOTTES.

52 Cuir blanc ou noir. . . . . livre. 800
— verni. 1,000

TIRE-BOTTES.

495 Ordinaires . . . . un. 480

TIRE-BOUCHONS.

1474 Simples, fer, sans compresseur. . . . douz. 600
— — avec compresseur. 1,800
Brevetés, armure en cuivre 4,800
— — argentée, dorée 7,200

TIRE-BOURRES.

1228 Fer, acier. . . . . douz. 180

TOILETTES.

531 Bois ordinaire . . . . une. 6,000
— fin 12,000
Avec commode, bois ordinaire 12,000
— — fin 20,000
et 40 0/0.

TOURNE-VIS.

1432 Ordinaires. . . . . livre. 120

TOURS.

1480 A main, pour horlogers, orfèvres. . . livre. 120
— — serruriers. 60

TRANCHETS.

1421 Acier . . . . livre. 120

TYPES D'IMPRIMERIE.

*1135 Livre 500

VAISSELIERS.

505 Bois ordinaire. . . . . un. 10,000
— fin 20,000

VASES EN MARBRE, ALBATRE, ETC.

958	Jusqu'à 6 pouces de hauteur . . . . un.	900
	De 6 à 12	2,400
	De 12 à 20	3,600
	De 20 à 30	5,400
	De plus de 30	9,000

VÉNITIENNES.

533	Pour portes, fenêtres . . . . une.	2,400

VENTILATEURS.

36	Manche os, corne, etc.. . . . . un.	300
	— nacre, ivoire, etc	1,200

VERNIS.

264	Au goudron . . . . livre.	60
	A la résine	90
	Autres qualités	300

VERRES EN FEUILLES.

982	Pour vitres, blancs, unis . . . . livre.	20
	— de couleur, mousseline, gros, pour navires	60
	Polis sans acier, de moins de 1/8 de pouce d'épaisseur, jusqu'à 100 de superficie. pouce.	1
	— de 100 à 200	2
	— de 200 à 300	3
	— de 300 à 500	4
	— de 500 à 1000	5
	— de 1000 à 2000	6
	— de 2000 à 3000	8
	— de plus de 3000	10
	Polis sur acier, de moins de 1/8 pouce d'épaisseur, jusqu'à 100 de superficie	2
	— de 100 à 200	3
	— de 200 à 300	4
	— de 300 à 500	5
	— de 500 à 1000	7
	— de 1000 à 2000	9
	— de 2000 à 3000	11
	— de plus de 3000	13

	Polis sur acier, de plus de 1/8 de pouce d'épaisseur, jusqu'à 100 de superficie	3
	— de 100 à 200.	4
	— de 200 à 300.	5
	— de 300 à 500.	6
	— de 500 à 1000	8
	— de 1000 à 2000	10
	— de 2000 à 3000	12
	— de plus de 3000	16
987	Calices, nº 1. . . . . livre.	60
	— 2.	90
	— 3.	120
	— 4.	240
1243	De montre.	1,200
1310	De lunettes	1,800

VERROUX.

1124	De porte. . . . . livre.	90
1007	En cuivre	250

VIS.

1053	Cuivre, grandes . . . . livre.	150
	— autres sortes.	200
1139	Fer, grandes.	50
	— autres sortes	120
1165	— en plaques	300

VRILLES.

1485	Livre	50

VOITURES D'ENFANTS.

544	Une.	2,400

YEUX.

972	Porcelaine ou verre . . . . livre.	5,000

ZINC.

*107	En feuilles, barres, pour couverture. arrobe.	800
	En œuvre, simples. . . . . livre.	180
	— argentées.	240
	— dorées	360

SUBSTANCES CHIMIQUES, MÉDICINALES

ET ALIMENTAIRES

ACIDES.

268 Citrique, cristallisé. . . . . livre.	150
Acétique cristallisé, hydrochlorique, hydrio-dique, bromique	200
— fort, vinaigre radical, pyroligneux, nitrique pur blanc	50
Nitrique impur coloré	25
Phosphorique liquide, boracique cristallisé, arsenical.	300
— solide, — fondu, arsénieux.	600
Benzoïque, chlorique.	600
Fluorique, tartrique, valérianique	100
Sulfurique pur, à 66°.	15
— impur.	5
— fumant, sulfureux liquide	10
Camphorique. . . . . once.	1,000
Chromique cristallisé, gallique cristallisé, oxalique, prussique	100
Formique, pyrotartrique, urique	300
Iodique, lactique.	50
Méconique.	500
Pyrogallique.	200
Mallique liquide	20
— cristallisé.	100

AMANDES DOUCES ET AMÈRES.

152 Avec coquilles. . . . . arrobe.	1,200
Sans coquilles, pilées.	1,800

AMMONIAQUE.

276 Liquide, alcali volatil. . . . . livre.	100

ANTIMOINE, ANTIMONIATES ET ARSENIC.

1167, 1168 métallique. . . . . livre.	200
1189 Phosphore blanc.	100
281 De potasse, simple.	400
— et fer, martial	300

ARSÉNIATES, BORATES, VALÉRIANATES.

286, 298, 448 D'ammoniaque . . . . livre.   1,800
    De plomb   500
    De cuivre   600
    De fer, de potasse, de soude   1,000
    D'argent. . . . . once.   600

ARSENITES.

287 De cuivre, vert de Schéele, de potasse, de
    soude. . . . . once.   60

BAUMES.

291 Naturel de copahu. . . . . livre.   200
    —   de styrax   280
    —   de la Mecque   1,200
    —   du Pérou   900
    —   de térébenthine   20
                     et 10 0/0.
    Manipulés de soufre, de térébenthine. . . .   1,800
    —   gratia probatum, tranquille. .   300
    —   philanthropique.   600
    —   de Riga.   200

BENZINE.

293 Livre   100

BENZOATES.

294 De soude . . . . once.   200

BEURRE.

382 De cacao. . . . . livre.   300
97 Ordinaire.   120

BOISSONS FERMENTÉES.

211 Hydromel. . . . . canade.   1,000
    Cidre, alcool de grains, genièvre   300
    Bière   280
312, 349 Bière médicinale. . . . . livre.   300
219 Absinthe, kirsch. . . . . canade.   2,200
    Brandy, cognac, rhum.   1,600
                     et 50 0/0.

BOLS D'ARMÉNIE.

933 Ordinaires. . . . . arrobe.   720

Pour dorer. . . . . livre. 150

BONBONS, SIROPS, CONFITURES.

1505, 453, 225 De toutes sortes . . . . . . livre. 250
297, 307, 351, 328 Médicinaux 300

BORAX.

*212 En huile. . . . . canade. 80
En vin. 40
et 10 0/0.

BROMURES.

299 D'ammoniaque, de baryte, d'iode, de mer-
cure. . . . . once. 200
De chaux 150
De plomb, de fer, de potasse, de soude . . . 100
D'argent, de cadmium 600
D'or. . . . . octave. 1,000

CAMPHRE.

213 En masse . . . . livre. 300
303 Camphorate de quinine. . . . . once. 1,000

CHARBON.

309 Animal, de Belloc.. . . . . livre. 600

CASTOREUM.

310 Névrosine Léchelle . . . . livre. 5,000

CHAMPIGNONS.

195 Secs. . . . . livre. 150
En conserve. 240

CHATAIGNES.

155 Vertes, sèches ou pilées. . . . . . . arrobe. 720
Avec coque 360

CHLOROFORME.

316 Livre 1,000

CHLORE, CHLORATES.

*1175, 1184 Liquide et de mercure coulant. . liv. 300
314 De baryte, de cuivre. 400
315 Chloro-iodurate de mercure . . . . . once. 500

CHLORURES.

****317** D'ammoniaque simple et 10 0/0. . . . livre. 30
    — et de fer. 360
De fer solide sec, d'alumine, de sodium. . . 500
    — sublimé, d'étain anhydre. 1,000
    — liquide, hydraté, de magnésie, de zinc. 300
D'antimoine solide. 400
    — liquide, de baryte 200
    — (oxi) poudre d'algaroth, de mer-
        cure lavé 300
D'étain (proto) . . . . impur. 150
De bismuth, de manganèse. 600
De chaux, fer, et 10 0/0 50
    — liquide, et 10 0/0 30
De calcium, de potasse, eau de javelle, de
    soude, de Labarraque 100
De potassium, sel de Silvius 240
Soude raffinée, sel commun, et 10 0/0 . . . 20
D'atropine, d'or simple et ammoniacal. octave 1,000
De brome, d'iode, de soufre. . . . . once. 150
De palladium. 300
D'argent. 600
De platine, sec. 1,200
    -- et sodium. 500

CHOCOLATS.

1501 Billes, pains. . . . . livre. 240
Pastilles, bonbons 360
318 Médicinaux. 300

CHROMATES.

319 D'ammoniaque. . . . . livre. 600
De plomb, jaune de chrôme. 90
    — rouge de potasse 300
D'argent. . . . . once. 600
***1176** Chrôme. 200

CIGARES.

321 Médicinaux . . . . livre. 600

CITRATES.

323 De café, de thé. . . . . once. 1,000
De chaux 300
De magnésie, de fer, ammoniacal, de manga-

nèse. . . . . livre. 1,200
De potasse. 500
De soude 600

COLLODION.

327 Simple. . . . . livre. 1,000
Iodate sensibilisé pour photographie 2,000

CORNES DE CERF.

420 Brutes. . . . . livre. 60
943 Calcinées, et craie préparée 100

CRÉOSOTE.

330 Livre 1,500

CYANURES.

333 De plomb . . . . livre. 1,200
De fer. 500
De potasse, jaune 300
— vermeille. 450
— impur, en pierre 800
— pur, cristallisé . . . . . . once. 250
De cuivre 200
De mercure, de zinc 160
D'argent. 600
D'or. . . . . octave. 1,000

EAUX.

271 De fleurs d'oranger, de roses, de tilleul. liv. 120
D'Angleterre, de cannelle, de mélisse, de men-
the poivrée, de valériane. 200
De laitue, d'amandes amères, de laurier ce-
rise, vulnéraire 300
Hémostatiques, Léchelle, etc 500
Ferrugineuses 50
226 De Cologne 400
Dentifrices, et pour teindre les cheveux. . . 600

ÉCORCES, BOIS MÉDICINAUX ET DE TEINTURE.

192 De quercitron . . . . arrobe. 600
De cannelle blanche.. . . . . livre. 200
— de Chine. 150
— de Ceylan.. 500
De quinquina, de sassafras, de sandal rouge. 100
— citrin. 160

De gayac. . . . . livre.   40
De quassia, et autres qualités.   120

EMPLATRES.

341 En masse, épispastique. . . . . livre.   1,800
—   autres.   600
Étendus, ou sparadrap adhérent   720
—   d'Albespeyre.   1,200
—   huileux.   2,400

ÉMÉTINE.

340 Pure . . . . octave.   1,000
Du Codex, impur . . . . once.   600
342 Ergotine.   300

ESSENCES.

343 De lavande. . . . . livre.   500
De corne de cerf.   15
De mélisse composée, de miel composé, de
    jasmin, de mille-fleurs, de réséda, de vio-
    lettes   600
De térébenthine.   10

ÉTHERS.

344 Acétique, hydriodique, phosphorique. livre.   600
Hydrogromique, hydriodique, valérianique.   1,200
Alcoolisé.   200
Sulfurique simple, nitrique.   480
—   alcoolisé   300

EXTRAITS.

345 De safran, d'élathérium, d'opium. . . livre.   3,600
De réglisse.   120
De laitue.   1,400
Tartrique   2,000
De seigle ergoté   4,800
D'ipécacuanha, de fève Saint-Ignace, de can-
    tharides.   2,400
D'ellébore.   1,500
De mesereum, de serpentaire.   1,200
De noix vomique, de cubèbe, de salsepa-
    reille, de quinquina, de cassia, de ra-
    tanhia, de rhubarbe   1,800
Autres qualités.   800

FIGUES.

156	Fraîches. . . . . livre.	90
	Sèches. . . . . arrobe.	720

GLOBULES HOMOEOPATHIQUES.

352	Simples, non saturés. . . . . once.	500
	Remplis, saturés	300

GOMMES, RÉSINES, BAUMES CONCRETS.

216	Adragant, sangdragon . . . . livre.	480
	Mastic, styrax, tolu.	600
	Elémi, arabique	180
	Aloès	100
	Ammoniaque, copal, galbanum, angico, san- daraque, labdanum, assa-fœtida	300
	De batate, de jalap.	1,500
	De benjoin.	280
	Caoutchouc simple.	300
	— vulcanisé	400
	De scammonée ordinaire.	2,000
	— blanche.	5,000
	De gayac.	200
	Encens.	60
	Laque obscure	120
	— blanche	240
	Myrrhe, gutta-percha, oppoponax.	400
	Du Pérou	1,800
	De pin, poix de Bourgogne. . . . . . quintal.	1,600
	Colophane.	1,200
	Brai.	600
217	Kino.	700

GOUDRON.

*208	Ordinaire . . . . arrobe.	200
	et 10 0/0.	

HUILES FIXES,

210	D'olives . . . . canade	400
**86	De baleine.	180
248	D'amandes. . . . . livre.	200
	De cantharides, iodée, de noix muscade, de violette	600
	De seigle ergoté, de croton tiglium, de fou- gère mâle	8,000

D'euphorbe . . . . livre. 2,000
De lin impure 20
— bouillie. 50
— purifiée 100
De ricin, cuite 30
— exprimée 150

HUILES VOLATILES,

De romarin, de genièvre . . . . livre. 1,000
De lavande. 400
D'amandes amères, d'absinthe, d'anis étoilé,
   de cannelle, de girofle, de menthe, de gin-
   gembre, de rhue. 2,000
De bergamote 1,500
De cajeput, de cumin. 2,400
De camomille, de laurier-cerise. 6,000
D'écorces d'orange, de citron, de coriandre. 1,200
De copahu. 900
De cubèbe. 4,000
De fleurs d'oranger, néroli. 5,000
De fenouil, d'anis 1,800
De geranium. 3,000
De noix muscade. 4,200

HUILES ESSENTIELLES.

De rose . . . . livre. 12,800
De marjolaine, d'origan, de sabine, de thym. 600
De mélisse. 3,000
De moutarde. 9,600
De pouliot. 960
De rhodes. 1,200
De sauge, de sandal, de sassafras, de valé-
   riane, de semence d'Alexandrie 2,000

HUILES EMPYREUMATIQUES.

D'ambre, de succin . . . . livre. 300
Animale de Dippel, de Chabert. 600
De caoutchouc. 2,000
De genièvre, de buis, de goudron, de schiste. 200

INJECTIONS.

305 Brou. . . . . livre. 600

KERMÈS.

240 Animal et végétal. . . . . livre. 300

LACTATES, MALATES.

392, 380 De chaux, de fer, et manganèse. livre. 1,200
    De zinc. 100

LÉGUMES.

*174, *175 Haricots et fèves secs. . . . . arrobe. 100
*171, *177 Lentilles et pois secs 200

LEROY.

373 Purgatif . . . . livre. 600
    Vomitif 300

LIMONADES.

374 Gazeuses. . . . . livre. 150

LINIMENTS.

376 Divers et rubéfiant Léchelle. . . . . . *ad valorem.*

MANNES.

220 En lames. . . . . livre. 400
    Communes. 300

MAGNÉSIE.

379 De Murray. . . . . livre. 300

MIEL.

383 Simple. . . . . livre. 30
    Rosat 240

MORPHINE.

385 Pure. . . . . once. 1,000
267, 317, 323, 368 Chacun des sels. 750

MUSC.

228 Once 1,800

NARCOTINE.

389 Sel de Derosne. . . . . once. 1,600

NICKEL.

1186 Par . . . . *et* 10 0/0. once. 300
    Pour galvaniser 150

OLIVES.

154 Blanches, d'Espagne . . . . arrobe. 900
    Autres qualités. 300

ONGUENTS.

446 Cérats, pommades médicinales . . . . livre. 300

OPIUM.

221 Brut . . . . livre. 1,800

OPODELDOCH.

396 Baume. . . . . livre. 480

ORGE.

*169 Pilé . . . . livre. 20
    En grains . . . . arrobe. 200
*170 Perlé 400

OSMAZOME.

397 Once. 300

OXALATES, PHOSPHATES.

398, 407 D'ammoniaque, de chaux. . . . . livre. 600
    De chrôme liquide 2,400
    De cobalt 3,600
    De fer, de cuivre. 900
    De magnésie. 1,200
    De potasse, neutre 120
    —   acide. 100
    De soude. 300

OXYDES.

**399 D'antimoine . . . . livre. 900
    D'alumine, de baryte, proto 600
    —   —   bi ou deuto 1,500
    De bismuth. 780
    De chaux en pierre, chaux vive. . . . arrobe. 150
    —   en poudre ou hydraté. 80
    De chrôme, de soude et potassium pur à l'al-
    cool. . . . . livre. 1,200
    De plomb, jaune . . . . . et 10 0/0. arrobe. 500
    —   rouge, vermillon. 300
    —   lithargyrique 480

De cuivre, proto . . . . livre.   500
—   deuto, noir ou anhydre   300
—   —   vert ou hydraté   200
D'étain.   1,000
De fer, noir, éthiops martial   180
—   rouge colcothar.   120
—   per ou hydraté   300
De magnésie calcinée.   480
—   de Henry   960
De manganèse . . . . *et* 10 0/0.   10
De mercure, proto.   500
—   deuto, précipité rouge.   480
De Nickel . . . . once.   300
D'argent.   600
Potasse caustique . . . . livre.   600
Lessive des savonniers . . . . . . *et* 10 0/0.   30
De zinc ordinaire, blanc de zinc, du com-
              merce . . . . arrobe.   300
—   impur, tutie préparée. . . . livre.   240
—   sublimé, fleurs de zinc   300

PAPIERS CHIMIQUES ET MÉDICINAUX.

401, 249 D'Albespeyre, Fayard, électro-magnéti-
que, carminé, etc. . . . . livre.   1,200
Réactifs de toutes qualités   600

PASTILLES.

404 Tablettes pectorales . . . . livre.   300
250 Trochisques aromatiques pour la bouche . . .   600
—   —   pour parfumer . .   400

PATES.

403 Pectorales . . . . livre.   200
173 Alimentaires.   50
En biscuits. . . . . arrobe.   150

PERLES MÉDICINALES.

406 D'éther, chloroforme, térébenthine. . livre.   1,000

PERMANGANÈSE.

405, 409 De potasse et phosphure de calcium. liv.   2,400

PHOSPHITES, SULFITES, HYPOSULFITES.

408, 436, 361 D'ammoniaque, chaux, potasse,
soude. . . . . livre. 1,000

PILULES.

411 Bols, granules, grains médicinaux. . . once. 250

PLANTES, FLEURS, FEUILLES, RACINES.

*199 Safran bâtard . . . . livre. 300
   —   oriental. 2,400
   Romarin, mauve, feuilles. 40
   —   —   fleurs 120
   Lavande. . . . . arrobe. 1,200
   Kousso . . . . livre. 2,000
   Lichen. 50
   Mousse de Corse. 200
   —   d'Islande. 120
   —   d'Irlande. 300
   Pavots. 100
   Noix muscades. 600

PLOMB.

232 Brûlé.. . . . . livre. 200
951 Plombagine 40

POMMADES.

252 Ordinaires. . . . . livre. 50
   Fines 600

POMMES, PÊCHES, POIRES, PRUNES.

157, 159, 160, 151. Sèches . . . . livre. 100
              Fraîches 90

POTASSIUM.

282 Carbure. . . . . once. 150
1190 Nature. . . . . et 10 0/0. 1,500
437 Sulfocyanure. . . . . livre. 1,800

POUDRES MÉDICINALES.

413 De Dower, d'ipécacuanha. . . . . livre. 900
   Ferrugineuses, de Quesneville, de Sedlitz . . 600
   Antimoniales, de James, de Jacob 1,000

De Rogé, citrate de magnésie. . . . . . livre. 800
De soude. 480
De pepsine. . . . . once. 600

QUININE ET CINCHONINE.

416, 322 Pure. . . . . once. 1,200
267, 286, 298, 223, 233, 366, 368, 372, 380,
    391, 448, chacun des sels. 480

RAISINS.

162 Frais. . . . . livre. 100
Secs. 150

RIZ.

*168 En grains . . . . arrobe. 100
Pilé 120

ROBS.

285, 427 Médicinaux, salsepareille de Sands. liv. 400

RACINES, BULLES MÉDICINALES ET DE TEINTURE.

*205 Safran, curcuma, gingembre . . . . . . livre. 90
Réglisse, chiendent. 60
Althea, guimauve . . . . arrobe. 1,200
Iris de Florence . . . . *et* 10 0/0. livre. 50
Salep. 400

SACCHARATES.

423 De chaux . . . . livre. 600

SAVONS.

422 Médicinaux amygdalins. . . . . livre. 120
Animal pour opodeldoch. 90
Arsenicaux. 300
Communs non parfumés, noirs ordinaires. . 10
    —   — blancs, purifiés . . 50
Autres qualités. 30

SELS POUR BAINS.

424 Électro-chimiques, hygiéniques de Pennes liv. 400
De Vichy. 600

SOUFRE.

*1178 En bâton. . . . . arrobe.   200
    Sublimé . . . . *et* 10 0/0. . . .   600

STRYCHNINE.

433, 267, 317, 391 Pure, et chacun des sels. once.   1,500

SUCCINATES.

434 D'ammoniaque, de potasse, de soude. . once.   300

SUCRES,

209 Mascave et de raisin . . . . arrobe.   600
    Blanc   900
    Raffiné.   1,200
    Cristallisé   1,800
    Candi.   3,600
289 De lait, lactine. . . . . livre.   300
    — rosé   180

SULFATES.

**435 D'ammoniac, sel de Glauber . . . . . livre.   30
    De baryte, artificiel   240
    — naturel, de zinc (vitriol blanc), de
    cuivre (couperose bleue), de fer purifié .   60
    D'atropine, de codéine, de codicine. octave.   1,000
    De béberine, de bruxine . . . . once.   1,000
    De cadmium.   300
    De cinchonine, de quinine et autres sels. . .   480
    De morphine.   740
    D'argent, de zirconium liquide   600
    De fer (couperose verte) . . . . arrobe.   240
    De soude, sel de Glauber, de magnésie neu-
    tre, d'Epsom, de Sedlitz.   600
    De chaux, en pierre   400
                      et 10 0/0.
    — en poudre calcinée   500
    De chrôme, solide . . . . livre.   1,500
    — liquide, d'indigotine   900
    De magnésie, cristallisée.   1,200
    — liquide.   300
    De mercure (sous-) turbith minéral.   900
    — proto, deuto.   600
    De nickel   1,800

De potasse neutre, sel duobus. . . . . . livre. 90
De strontiane naturel, en pierre 100
—   artificiel, précipité. 300

SULFURES, HYDROSULFURES.

**438 D'antimoine natif. . . . . livre. 20
                       et 10 0/0.
—   préparé, doré d'antimoine . . . 480
D'ammoniac, de baryte, hydraté, kermès mi-
néral 600
D'arsenic jaune, rouge. 200
De chaux solide, de carbone 300
—   liquide, de plomb alquifoux. . . . 150
D'étain, de potasse, de soude, de mercure, 300
                     (deuto et bi) 600
           en poudre, vermillon. 560
De manganèse. 500
De zinc. 400

TANNATES.

439 De plomb, de fer, de zinc. . . . . . . livre. 1,000

TEINTURES ALCOOLIQUES.

444 De musc. . . . . livre. 3,000
D'ambre, de hatschis. 1,500
De safran, de castoreum 900
De vanille, d'iode 1,200
De cantharides, de benjoin composé 600
D'opium, laudanum 1,000
De plantes vertes alcoolatures 400

TROCHISQUES, SUPPOSITOIRES.

445 De cacao . . . . livre. 300
De minium. 600

VÉRATRINE.

450 Cévadille . . . . once. 1,500

VERDET.

263 Composé. . . . . livre. 30
De Hongrie, de la montagne 50
De Paris. 100

VINS.

224	Mousseux . . . . canade.		2,400
	Doux, de toutes dénominations.		700
	Secs.		320
452	D'opium, laudanum . . . . , livre.		1,500
	Antimonial, émétisé, d'ipéca, de quinine . .		300
	Bitter, vermouth.		200

VINAIGRES,

223	Simples, de cuisine. . . . . canade.		120
	Composés . . . . livre.		80
265, 451	Aromatiques, médicinaux.		400

INSTRUMENTS DE MUSIQUE, DE MATHÉMATIQUES

APPAREILS.

1264	Électro-magnétique Breton. . . . . un.		6,000
	Gazogène en terre, jusqu'à 4 livres d'eau . .		800
	— — de plus de 4.		1,000
	— en verre, porcelaine, jusq. 4 liv.		1,500
	— — — de plus de 4		2,000
	— doré, jusqu'à 4.		2,000
	— — de plus de 4		3,000

ARCHETS.

1357	Un.	500

ARÉOMÈTRES, etc,

*1265	Un.	200

BAGUETTES, BALEINES.

149	Armures de parapluie. . . . . livre.		150
	— de corset.		180
	Baguettes de fusil		240
1407	— de tambour.		150

BASSONS.

1362 Un. 8,000

BOMBARDES.

1361 Une. 9,000

BOUSSOLES.

*1268 Petites, simples . . . . une. 400
    Forme de montre. 500
    Pour géologie, à inclinaison, etc. 1,000
       —   de Bournier. 1,200
    Pour niveau. 2,000
       —   de Kater. 2,500
    Sextan. 3,000
    A éclimètre 5,000
    Aiguilles marines, de 2 à 5 pouces 800
       —   de 6 à 9. 1,500
       —   de 10 à 16. 2,500
       —   avec prisme 3,000

CASTAGNETTES.

1365 Buis, ébène . . . . la paire. 600
    Ivoire 1,200

CLAIRONS, CORNETS.

1367, 1373 Simples . . . . un. 1,800
    A registre 3,000
    A piston. 5,000

CLARINETTES.

1368 Buis, jusqu'à 5 clés, métal . . . . . . une. 2,400
       —   —   argent. 5,400
    Ébène, jusqu'à 5 clés, métal 4,500
    Autres qualités et argent, ... 7,500

COMPAS.

*1272 De réduction. . . . . un. 400

CLAVECINS.

1369 Un. 6,000

CLÉS.

1366 Acier, fer, pour instruments. . . . . . livre. 180

CONTRE-BASSES.

1398, 1370	Petites, violoncelles	une.	8,000
	Grandes.		12,000

CORS.

1406	Simple, de chasse	un.	1,600
	A piston.		6,000

CORDES POUR INSTRUMENTS.

1371	Fer	livre.	240
	Métal blanc, jaune.		360
	Boyaux, soie, etc.		600
	Faux-bourdons.		1,200

DAGUERRÉOTYPES.

*1275	Un.		10,000

EMBOUCHURES D'INSTRUMENTS.

1359	Cuivre.	livre.	300
	Os, bois, corne		420
	Ivoire, tortue		3,600

ÉTUIS.

*1279	De mathématiques, jusqu'à 12 pièces. .	un.	300
—	de 12 à 18		500
—	de 18 à 24		1,000
—	de plus de 24.		2,000
*1280	De minéralogie.		10,000
	D'ingénieur		3,000

FIFRES.

1395	Buis.	un.	300
	Ebène.		1,200

FLAGEOLETS.

1377	A une clef, métal ordinaire.	une.	600
—	argent.		2,000

FLUTES.

1378	Buis, à une clef, métal ordinaire . . .	une.	400
— —	argent.		1,200
	Ébène, à une clef, métal ordinaire		1,500
— —	argent.		2,500
	Métal		10,000

GRAPHOMÈTRES.

```
*1284 Simples . . . . . . . . . . . . . . . . . un,    2,000
      A boussole . . . . . . . . . . . . . . . . .     3,000
      A longue-vue . . . . . . . . . . . . . . . .     5,000
```

GROSSES-CAISSES.

```
1411 Bois . . . . . . . . . . . . . . . . . une,    6,000
     Métal . . . . . . . . . . . . . . . . . . .     9,000
```

GUITARES.

```
1408 Ordinaires . . . . . . . . . . . . . . une,    2,000
1409 Petites . . . . . . . . . . . . . . . . . .     3,000
1410 Grandes, françaises . . . . . . . . . . .      5,000
```

LANTERNES MAGIQUES.

```
1290 Petites . . . . . . . . . . . . . . . . une,    1,200
     Grandes, à réflecteur . . . . . . . . . . .     9,000
     —      pour magie noire . . . . . . . . .     30,000
```

LUNETTES.

```
1291 Binocles . . . . . . . . . . . . . . . douz.      800
     Lorgnons, métal ordinaire . . . . . . . . .       600
     —        ivoire, nacre, tortue . . . . . .         900
     —        plaqués . . . . . . . et 5 0/0 . .      1,200
     —        or . . . . . . . . . . . . . . . .      6,000
     A deux verres, à branches, métal ordinre . .     1,800
     —            ivoire, nacre, tortue . . . .      2,400
     —            plaqué . . . . . . . . . . . .      3,200
     —            or, en partie . . . . . . . .      6,000
     —            tout en or . . . . . . . . .     18,000
     Pince-nez, métal ordinaire . . . . . . . . .     1,200
     —        ivoire, nacre, tortue . . . . . .      1,800
     —        plaqués . . . . . . . . . . . . .      2,400
     —        or . . . . . . . . . . . . . . . .    12,000
     Loupes de Rochon . . . . . . . . . . . une,    4,000
```

MANDOLINES.

```
1358, 1385 Une . . . . . . . . . . . . . . . . . . .    1,200
```

MUSIQUE.

```
921 Cahiers brochés . . . . . . . . . . . . livre.      100
    —     reliés . . . . . . . . . . . . . . . . .       200
                                    et 10 0/0.
```

ORGUES.

1399 Jusqu'à 50 tuyaux . . . . un.	5,000
De 50 à 60.	10,000
De 60 à 70.	15,000
De 70 à 80.	20,000
Pour enfants.	1,500

STÉRÉOSCOPES.

*1305 Bois ordinaire . . . . un.	300
— fin, ou ornés	1,600
A colonne de métal	2,400

TAMBOURS.

1401 Bois. . . . . un.	2,000
Métal	5,000

TIMBALES.

1403 Paire	20,000

TRIANGLES.

1404 Un.	600

TROMBONES.

1405 Un.	5,000

THERMOMÈTRES.

*1306 Bois. . . . . un.	200
Nacre, ivoire.	400

FIN

PARIS

IMPRIMERIE DE L. TINTERLIN ET Ce

RUE NEUVE-DES-BONS-ENFANTS, 8.